中国因他们而改变

张钹传

刘晓◎著

中国科学技术出版社

·北　京·

图书在版编目（CIP）数据

张钹传 / 刘骁著 . -- 北京：中国科学技术出版社，

2025.4 . --（中国因他们而改变）. -- ISBN 978-7

-5236-1369-6

Ⅰ. K826.16

中国国家版本馆 CIP 数据核字第 2025GT0676 号

总 策 划	秦德继　宁方刚	
策划编辑	周少敏　徐世新	
责任编辑	何红哲	
装帧设计	中文天地	
责任校对	焦　宁	
责任印制	徐　飞	

出　　版	中国科学技术出版社
发　　行	中国科学技术出版社有限公司
地　　址	北京市海淀区中关村南大街 16 号
邮　　编	100081
发行电话	010-62173865
传　　真	010-62173081
网　　址	http://www.cspbooks.com.cn

开　　本	787mm×1092mm　1/32
字　　数	135 千字
印　　张	8.125
版　　次	2025 年 4 月第 1 版
印　　次	2025 年 4 月第 1 次印刷
印　　刷	河北鑫兆源印刷有限公司
书　　号	ISBN 978-7-5236-1369-6 / K·475
定　　价	58.00 元

张钺传

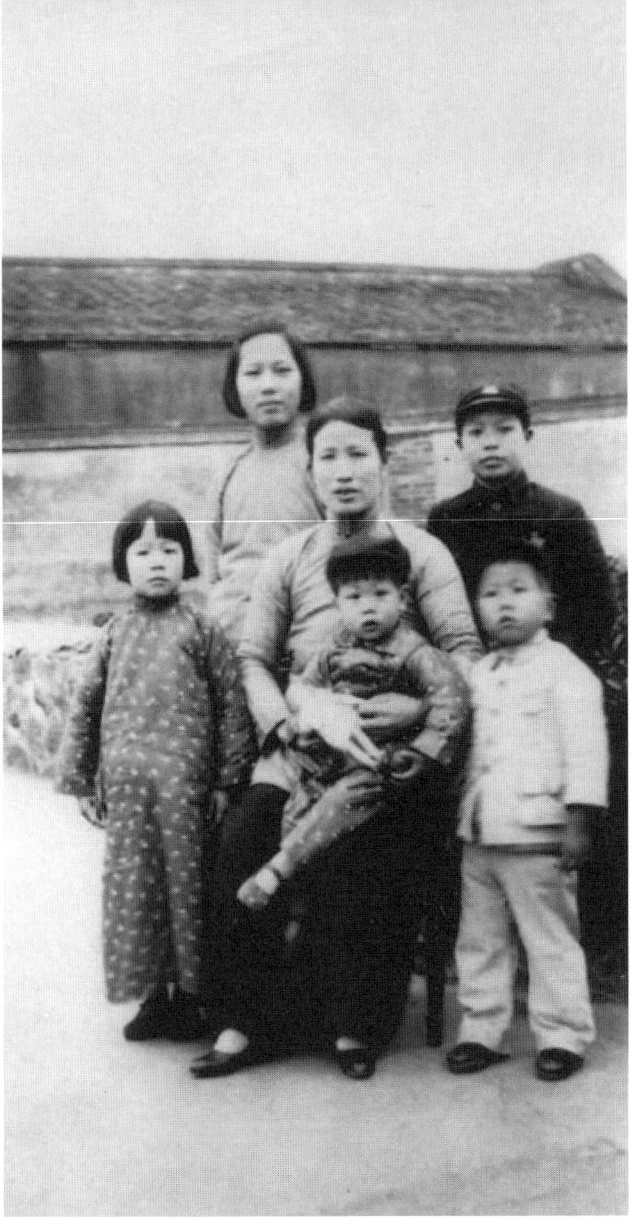

张钹的母亲余心涵与儿女们

中华民国六十五年十月十日杭州民立小学六级级摄影纪念 各界赠奖

张铰的小学毕业照（第一排左十二为张铰）

1954 年年初，张钹与同寝室同学在诚斋前合影（后排左三为张钹）

1955 年电 83 班在京郊樱桃沟合影（后排站立者右二为张铰）

智能机器人实验室的科研人员与 PUMA 560 合影（左一为张钹）

1981年圣诞节，钱天闻夫妇与 CSL 实验室访问学者合影（左二为钱天闻，右一为张钹）

1957 年，自动控制专业部分师生与苏联专家苏奇林合影（左二为张钹）

1992 年，张钹和张铃（左一）一起讨论学术问题

1983年，张钹与家人合影
（左起：张钹、张理、李幼龄）

1991年10月，张钹全家合影（左起：张淮、房景蕤、张钹、张理）

1995 年，俄罗斯专家为张钹颁发俄罗斯自然科学院外籍院士证书

2011 年，张钹获汉堡大学荣誉博士

2000 年，张钹与两个弟弟参加第三届世界福清同乡联谊会（左起：张锻、张钹、张铃）

张钹兄弟四人同回母校福清第三中学（左一为张锻、左四为张铙、左六为张钹、左七为张铃）

2011年，张钹与学生张建伟（左）合影

2018年，清华大学校长邱勇（左）向张钹颁发清华大学人工智能研究院院长聘书

2018 年，张铗在中央电视台节目《开讲啦》中演讲

目录

书香门第

　　1935 年 3 月 26 日，张钹出生在福建省福清市龙田镇，他的童年和少年时期都是在这里度过的。这座素有"海滨邹鲁"之称的名胜之地坐落于福建东部海岸的龙高半岛中部，自南宋至明清，这里始终是闽东文化及军事重镇。作为古代福清至平潭岛驿道的途经之路，龙田镇在历史上形成了南北走向的牛田街，其南端的街尾村是张氏家族世代聚居之地。在街尾村中心，始建于 1237 年的张氏宗祠与清康熙年间创办的清河书院构成独特的文化地标。张氏宗祠和清河书院的后侧，有一座三落六扇的古民居七柱厝，这座三进六开间的古建筑群正是张钹院士的祖居。青石铺就的庭院至今保留着旧时格局，见证着这位科学家从古镇走向学术巅峰的起点。

　　七柱厝坐南朝北，整个建筑群又以高墙围合，整体构成福清地区典型的五进式民居，当地俗称"五落厝"。五落厝正门仅在婚丧典礼时开启，日常出入经由东北侧小门。入门后，右侧书斋与左侧牛栏分立两旁，穿过书斋可见当地称为"埕墩"的露天庭院，由此方能观览建筑全貌。主体建筑采用砖木混合结构，底部 1/3 为条石基座，上部以红砖砌筑。正门内设屏风式影壁，两侧通道通向中心天井，天井东西两侧各设带大窗的耳房（亦称小书院），确保室内采光充足。天井后的前厅被半米高、四五米长的门槛及其连接的木板墙分为南北两区，里面摆放着八仙桌及祖宗神龛，东西两侧对称分布四间正房，形成"六扇厝"格局。所有正房都没有窗户，只有朝向前厅的门，因此室内光线很暗。前厅到北大门称为前落，前厅南侧木板墙设有通道连接后落（此处至后面围墙），后落与前落有相似的天井和厅结构，但后厅改作农具杂物存放处。建筑西侧附厝含厨房、粮仓及二层书院，东侧附属区南端为当铺，中部设养殖种植的"围"场，北端另有书斋。历经百年风雨，建筑彩绘虽已褪色，但横梁雀替处的花鸟木雕仍清晰可辨，见证着往昔的工艺水准。该建筑自张若水第十九代孙而建，西侧归老二（也叫二房干），东侧归老三（也叫三房干）。至 20 世纪 30 年代，二房干仅存端焰母子，而三房干人丁兴旺达数十口。张钺祖父张纲系三房干之孙，是张若水第二十一代传人，其家族六代同堂时期聚居人口逾六十人。

张纲，字立三，号耕隐后人，晚清贡生。张纲年幼时，祖传田产至其父辈已趋衰微，幸得母亲俞氏重视教育，虽家道中落仍坚持供其读书。光绪年间，张纲凭借勤学考取功名，此成为家族中兴的重要转折点。他不仅以学识闻名乡里，其道德文章更备受福清士绅推崇，成为地方文化标杆。在北洋政府末期至国民政府时期，张纲连续担任福清县（今福清市）农会会长二十余载。面对西方传教士在龙田占地建堂的殖民行径，他秉持文化自觉展开持久抗争。其中最著名的是历时十载的城关贫儿院产权诉讼。自 1916 年起，张纲带领乡民与美国传教士展开法律交锋，历经多次败诉仍坚持上诉。直至1926 年北伐军入闽，在进步学生协助下终获胜诉，该院址后成为福清一中首座校舍。此外，他还创办敦睦小学并亲任校长，践行教育救国的理念。这位传统儒士始终将文化传承视为己任，既坚守"耕读传家"的古训，又以开放姿态接受新式教育理念。1933 年张纲辞世时，其"贫不废学、危不忘国"的精神已深深影响家族后人。孙张铋幼年常听祖父轶事，勤学精神与家国情怀由此生根，为其日后学术道路埋下重要伏笔。

张铋的父亲张端樵是祖父张纲的长子，受父亲影响，张端樵自幼勤奋好学，成绩优异，考入福建省私立法政专门学院（1929 年改为福建学院）。毕业后，正值五四运动席卷全国，他深受时代思潮的影响，投身于进步青年行列，积极参与学生运动。在担任福清留省学会理事长期间，他常以"融狂"为笔名撰写文章，关注民生疾苦，抨击社会弊端，具有强烈的社会责任感。由于家境相似、志趣相投，张端樵与法政专门学院的融籍同学郑昱华、唐修德、陈寿宇、余长资结为金兰兄弟，以郑昱华为大哥，联手在福清揭露贪官污吏，打击恶霸地痞，维护百姓权益，被时人誉为"五人团"。1928年，余长资在《福州学生》期刊的《发刊词》中号召福州学子积极投身革命，这一举动也体现了"五人团"进步思想的影响力。1927年，张端樵参加高等考试，以确认高等学历。翌年2月，他又与陈寿宇共同考取福建省公务员，两人均名列前茅，并被分配到福建高等法院见习。心怀家国，他们希望能为国家和百姓尽己所能做些事情，于是前往江苏、浙江两省考察社会治理情况，深入了解发展较好的省份如何推进改革，以期为家乡福建提供借鉴。考察结束后，张端樵撰文，将所见所思发表于《福建民国日报》副刊上。他认为，江浙地区在财政与军务统一、公职人员通过考试任用、倡导国货等方面均有可取之处。同时他也发现即便是这些相对先进的省份，仍面临治安混乱、民智未开、普通话普及率低等问题，让他深刻意识到国家振兴仍道阻且长。进入仕途后，张端樵曾先后担任宁洋（福建旧县名，现已撤销）、大田、明溪等县县长及宁德县政府秘书，并曾在多所学校执教。张端樵人生中最重大的事件就是领导了福清历史上著名的"龙高暴动",并取得了胜利,这一事件不仅在地方史上留下了深远影响,也成为他人生的重要篇章。

"龙高暴动"的爆发,源于当时国民党省防军对当地百姓的残酷压迫。1931年5月,仙游县土匪头目林靖率部被福建省保安处收编,成为省防军第二支队,林靖被任命为支队长,随即调往福清驻防。自此,福清百姓的处境越发艰难,尤其是龙高半岛首当其冲,成为重灾区。林靖在政治上实行高压统治,严厉镇压抗日救亡运动,借"清匪""办案"之名,滥施暴行,烧杀抢掠,无恶不作。在经济上,他肆意盘剥,横征暴敛,新设多项苛捐杂税,贫苦百姓与华侨商贾均难逃其害。林靖的暴政引发了民众极大愤怒,1931年12月26日,龙田、高山两地数千民众奋起反抗,四天内,以牺牲60人为代价,几乎全歼林靖部两个营近800人。这一事件被称为"龙高暴动"或"龙高民变"。因林靖所部多为"兴化人"(莆仙籍人士),百姓称为"打兴化兵"。在这场暴动中,思想进步的张端樵发挥了关键作用。他积极参与策划,为了便于沟通上层人士,不畏风险,留在县中学任教。直至得知林靖派兵抓捕,他才在起事当日下午返回龙田。因其长期以来的声望与能力,他被各方公推为领袖兼总指挥。在紧迫局势下，张端樵迅速采取五项关键措施，以确保暴动成功。第一，他联合王基添、王鸿才及当地知名人士翁廷本等人，策划组建"匪迫民变铁血团"，在龙高半岛要道文读村桥头修筑工事，严防福清县城方向的援军进犯。第二，他严令禁止对莆仙籍商贩和手工业者的劫掠，明确区分残暴的"兴化兵"与在福清的莆仙籍百姓，避免牵连无辜。第三，他采取分化策略，成功劝阻林靖属下的黄阿大部和刘超部保持中立，拒绝执行林靖进军龙高的命令。第四，他劝说弟弟张端哲及亲属何胥陶等中共地下党员，避免公开打出共产党旗号，以免被国民党当局以此为借口实施血腥镇压。第五，他结合武装斗争与合法斗争，凭借与省政府代主席方声涛的私人关系，联合留省学会、旅省同乡会多方请愿陈情，并争取到时任立法院委员、邑人郑忾辰的斡旋，同时获得南洋华侨社团的声援。最终，方声涛被迫承认"林靖逼民反"，并派省教导团接管福清防务。在张端樵的领导下，"匪迫民变铁血团"团结一致，誓言"非驱逐林匪出境，决不罢休！"战场上，他们奋勇杀敌，使龙高匪兵几近覆灭，并多次挫败县城援军的进攻；谈判桌上，他们据理力争，寸步不让，使得说客无功而返。直至1932年1月18日，林靖自知大势已去，率残部 500 余人连夜逃回仙游，至此，历时 24 天的"龙高暴动"宣告胜利。面对此次失败，国民党政府选择忍气吞声，未采取剿办镇压行动，参与暴动的龙高民众得以安然无恙。这在国民党长期统治时期极为罕见。同时，暴动锻炼了一批年轻的中共地下党员，为日后福清县委发动群众、组织武装斗争和开展游击战奠定了坚实基础。1936 年 9 月 17 日，为纪念此次暴动，在龙田镇武圣庙边和高山镇邱厝米粉埕前各竖立了一块相同内容的青石碑。碑文是民国宁洋县县长张端樵所撰写的，题为《福清龙高两镇义民驱逐林靖殉难始末记》。此碑石现于福清市侨乡博物馆福清革命史陈列馆展出，碑文铭记"张端樵谨撰，陈汝翼敬书"，已被列为福建省第二批革命文物。

1943 年，张端樵在警卫张在淦的护送下，离开宁德行政督察公署。他与长期共事的挚友、福安县长高诚学话别后，前往穆阳师范任教。同年，他回到家乡时曾写下一首诗："一别家山又六年，归来旧事半云烟。青年失意多浮海，民众吞声为丈田。鱼肉名词盈耳鼓，沧桑变化动心弦。绝裾毕竟非吾愿，再上征鞍懒着鞭。"诗中流露出他对国民党腐败政治的强烈不满，也表达了他选择回归杏坛，继续投身救国救民事业的决心。然而，

1943 年 10 月，张端樵在福安穆阳师范任教期间，当地大刀会发动暴动，烧杀抢掠。他们误将学校办公楼当作区公署，闯入校园残害师生。张端樵原已组织师生安全撤离，却在返回转移一名生病学生时不幸遇难，时年 42 岁。年仅 8 岁的张钹，在小小年纪就经历了丧父之痛。

张钹的母亲余心涵出生于福清商贾之家，虽未接受正规学校教育，却凭借家学积淀与勤勉自学，通晓文墨，善读报章典籍。每日清晨诵读《圣经》是她的固定课业，凡遇生僻字便以纸条标记，待子女归家时虚心求教，这个手不释卷的习惯延续至耄耋之年。这些书本知识虽与柴米油盐无涉，却让这位传统女性在操持家务之余完成精神世界的构建，更以"活到老学到老"的身教深刻影响着子女的成长。

张端樵与余心涵育有十个子女：长女张玖、长子张铙、次女张琛、三女张瑾、四女张玢（早夭）、五女张琇、次子张钹、三子张铃、四子张锻、六女张珠。按传统字辈，这一代本应沿用"在"字，但其父张端樵主张革新，转而参考《红楼梦》等经典用偏旁区分辈分的方式。张家长辈最终选定金字旁，既暗含对家业昌盛的期许，也形成独特的命名体系。作为家族首批采用新规的成员，长子被命名为"铙"，源自古代打击乐器中的大镲；次子张铍则对应小型的铍器。因乐器类金字旁文字有限，后期族人仅保留偏旁规则。"铍"在福清方言中读作"bá"，这一特殊发音伴随张铍求学之路，他在福州读书期间师长皆称其"张bá"，后至清华大学，福建同窗仍沿袭此称，以致校园内部分人至今仍保留这一习惯。实际上，该字标准读音应为"bó"。这套命名体系代际相传：张铍子女辈采用水字旁，取"金生水"之意；孙辈转用木字旁，对应"水生木"的传统哲理。这种延续百年的命名传统，折射出张氏家族融合变革意识与文化传承的智慧。

至于同辈女孩，名字都带王字旁，则取玉的含义。受传统习俗影响，次女张琛、三女张瑾幼年分别过继至山头村与龙田镇何厝人家作童养媳。因寄养地邻近故里，姐妹俩仍与原生家庭保持密切往来。五女张琇因得到祖父与父亲支持，得以留在家中抚养。1943年张珠出生之际正值家道中落，其父去世后，宁德三都镇许姓人家为报张端樵昔日救命之恩，主动收养尚在襁褓的女婴。这份跨越时代的亲情，直至改革开放后福州亲人重逢方得续写。

年少时光

　　张钹的少年时光始终与迁徙相伴。父亲在世期间，这个小康之家随着父亲工作的调动辗转各地，直到 1943 年家庭支柱猝然崩塌，8 岁的张钹在宁德刚起步的学业被迫中断。彼时家中最年幼的弟弟仅两岁，22 岁的大姐张玖成为全家的希望——这位刚在宁德小学获得教职的长女，在母亲的恳请下放弃继续深造的梦想，用每月 30 块银圆的薪水支撑起七口之家的生计。那年深冬，叔父张端哲穿越重重山岭前来接应。归乡之路刻满时代印记：蜿蜒的闽东古道上，两个竹筐载着年幼的兄弟随扁担起伏；闽江的渡船载着飘零的一家驶向命运转折点。历经七天跋涉回到福清龙田时，五姐张琇因需协助长姐，暂留宁德生活。

　　私立小学教员的薪资在战乱年代虽属优渥，但要维系全家温饱仍需极致节俭。母亲的针线箩里永远堆叠着自织土布，大姐的毛线针穿梭不停，唯有年节时分灶台上才会飘起白米饭香。饭桌上最具生趣的，是那些绘着十二生肖的彩釉瓷碟：属猪的张钹、属猴的张琇、属牛的张铃、属蛇的张锻，每个孩子都在粗瓷花纹里找寻着属于自己的童真。当姐弟们推让碗中薄粥时，母亲总以"肠胃不适"为由，默默舀走最稀的米汤。七柱厝斑驳的砖墙上，至今留有这个特殊家庭的生活印记。十户杂居的院落里，余心涵以春风化雨般的宽厚维系着邻里情谊，这份温润如玉的品格深深镌刻在张钺的生命底色中。当战火硝烟遮蔽整个时代，这座闽东古厝里始终回响着粗瓷碗碟的轻碰声——那是困顿岁月里最清越的生命回响。

张钺的母亲始终将丈夫的精神品格作为家训传承。她常向子女讲述父亲主政地方时的清风傲骨："当年你们父亲坐轿子出城办公，一到城门就下轿步行，连卫兵都嘀咕'抬轿的比坐轿的还轻松'"。更以"洋厝窝"往事诠释何为仁政——见乡人清水（张厝人）一家无牛耕地，父亲当即解囊助其购置耕牛。这份善缘在中华人民共和国成立后显现出特殊价值，当张家儿女外出求学，仅剩老母留守龙田时，清水郑重嘱咐儿子："十三叔（张钺的父亲）是我们的恩人，你要善待十三婶（张钺的母亲）。"

这位深明大义的母亲在艰难岁月里始终恪守教育者的本分。她既以言传要求子女"勤学自立，改换门庭"，更以身教展现坚韧——七柱厝的油灯下常见她为邻里缝补衣物的身影。1943年冬举家返乡后，面对张钺因教材差异对转学融美毓德联合小学三年级的畏难情绪，她以朴素智慧化解："你还得去，不去的话你要留一级，多可惜啊。"11 岁的张钹自此重新开启求学之路：数学是他的强项，跟上进度绝对没问题。关键是国文，必须一课一课地补。经过努力，张钹在期末考试中取得了第 11名的成绩（全班共有 70 多名学生）。他后来回忆说："这是我在中小学学习阶段所有考试中唯一一次没有取得第一名。"

19 世纪 90 年代初期创办的融美毓德联合小学，以其严谨治学传统在福清教育界树立了典范。首任校长林芝兰系福州华南女子文理学院毕业生，以庄重谦和的学者风范终身奉献教育，终身未婚的选择赢得当地民众深切敬重。校址毗邻张钹故居，主体建筑群呈东西走向，核心建筑为仓储式结构的西式双层楼宇。中庭挑高设计的天窗大厅兼具采光与集会功能，两侧延伸的翼楼首层各设三间朝内教室，恰好容纳六个年级，上层则为师生宿舍区。校园西南隅古榕盘根错节，其浓荫成为学子们的休憩胜地，南侧开阔地带辟为操场。受美式教育及基督教信仰影响，林校长生活方式颇具特色：饲养温顺黑犬"布勒客（black）"，于主楼南侧构筑花坛培育菊、牡丹等花卉。花坛白墙上"践踏花圃者，扣操行 5分"的警示卓有成效，因操行分关乎品德评定，学生皆自觉绕行。五年级始设的英语课程由林校长亲授，其循循善诱的教学方式广受好评。该校 13 人师资团队多出自福清本地教育世家，虽普遍仅具高中或中专学历，却秉承教育热忱。国文教员薛惠光被尊称"惠光先生"，承袭"福建省模范教育世家"之风，兼通音律书法，主张"育人当立品性根基、授学习方法、传科学常识"。数学教师薛章积籍贯上薛村，其兄薛章福时任融美初级中学教导主任并教授动植物课程。张氏家族中张端哲、张玖、张铙等亦曾在此执教，形成了独特的教育传承谱系。

融美毓德联合小学在校生逾四百人，约半数为本镇走读生，余者来自周边村落，需寄宿就读。学子多出身农家，求学初衷非为功名利禄，实因福清地少人多，传统谋生唯有从商或远赴南洋，而文化素养乃立身之本。故虽条件艰苦，学生皆勤勉守纪。校园内男女比例悬殊，女生仅占 15%，课堂实行性别分座制，女生固定前排区域。教学语言采用本土福清方言，即便国文课亦以福清方音诵读。因方言与国语存在词汇、语法差异，这种"福清式国语"令本地民众理解困难，但其音韵体系与国语相近，使学生具备基本国语交流能力，仅略带乡音。

学校校规严整，每天早上上课前必须参加升旗仪式，下午五点半降旗，每个学生也必须参加。即使下午没有课，也要等到降旗之后才能回家。课桌比较简陋，桌子与椅子连在一起——前座椅背加装木板充作后桌，单间教室可纳六十余学子。每周有周会，在洋楼大厅举行，周会程序单调，且一成不变：奏唱国歌、诵读总理遗嘱、向孙中山像三鞠躬、校长训话。文体活动以基础项目为主，主要的体育活动是跑步、打篮球、打乒乓球等。特定节庆时的活动尤显学校特色：4月4日儿童节（1932—1949年将每年的4月4日定为中国的儿童节）与12月25日的圣诞节，有唱诗班，有师生合作排演话剧歌剧，还有学生自发组织文艺展演。教会背景使学校的音乐教育独具特点，老师们大多信教，都有一定的音乐修养，他们组成的多声部唱诗班在风琴的伴奏下唱出的赞美诗十分动听，很受学生欢迎。音乐课设有听音训练环节，教师弹奏单音令学生辨识，少年张钺常与同窗余美琪准确应答。余氏出身牧师家庭，自幼接触风琴钢琴，故辨音能力尤为突出。

学校还有一个经常性的活动——做礼拜。每周日上午，学校都要组织学生到教堂做礼拜，这带有一定的强制性，大部分学生都会参加。走进礼堂的大门，迎面就是讲坛，讲坛前摆满一排排的椅子，是信徒们就座的地方。学生顺着楼梯往上走，在二楼依次坐下。为防止学生中途离场，值班教师会驻守在楼梯转角处严格管理。除上厕所外，一概不许下楼。布道通常由余牧师担任，他以洪亮嗓音讲述《圣经》故事，从创世神话到耶稣受难等。为保持信众的新鲜感，校方不时邀请外来牧师和老师登台，融美初级中学的教师薛永香亦多次在此宣讲教义。

位于七柱厝祖宅前厅西侧正房的张钹的卧室上方有个半阁楼，少年张钹常在此翻阅藏书，那里既有《红楼梦》《老残游记》等古典小说，也有鲁迅的很多作品，有些作品张钹虽然不能完全读懂，但也学到了不少知识。在七柱厝书院的桌子和书柜里，塞满了祖父张纲与其诗友的诗作和字画，泛黄的宣纸上遒劲的书法与国画，为少年张钹构筑起丰富多彩的精神世界。这种文化浸润使张钹的作文常被老师选作范文张贴，其水墨习作亦屡获褒奖。胞弟张铃展现出更出众的艺术天赋，当洋师姑募集儿童画作赴美义卖时，在兄长张铙组织的临摹活动中，张铃笔下的工笔花鸟因形神兼备而备受称赞。

学校的考试频繁而严格，设有定期的月考、季考和期末考，每次考试后都会按照成绩排名，并将成绩单送交家长，以督促学生进步。此外，突击考试也是常见的考核方式，老师随时可能在课前、课中或课后宣布考试。一旦听到"合上书本"的指令，学生们便会条件反射般地收起书本，准备好纸笔应对考试。考试内容通常是几天前或刚刚讲授的知识，因此学生听课时必须高度专注，课后及时复习，以免措手不及。张琇、张钹和张铃三姐弟始终以"一日功课一日毕，不要等明日，明日何其多"自勉，努力完成每天的学习任务。夜晚，三人共用一盏洋油灯温习功课。为了节省灯油，他们将灯光调暗，并用一张白纸剪出一个小洞罩在灯罩上，以增强亮度。然而，即便如此，光线依旧微弱，三人只能紧靠油灯读书，头几乎挨在一起。有时稍不留神，头发还会被灯焰烧到，发出嗞嗞的声响。据张铃回忆："晚上的学习空间很小，因此我通常下午就复习好功课，晚上便早早休息。但我哥哥（张钹）总是特别认真，读了一遍还要再读一遍。母亲常对他说：'你这个孩子怎么还不睡？'他总是回答：'把东西读熟一些总是好的。'"从小养成的这份刻苦与执着，成为张钹日后取得成就的不可或缺的品质。年幼的张钹与姐弟们深知母亲操劳的艰辛，他们以专心学习、刻苦钻研作为回报，也通过优异的成绩为家庭减轻学费负担。当时学校设有奖学金制度，以激励学生奋发向上。学期考试第一名的学生可享受全额学费减免，第二名减免 70%，第三名减免 50%。在父母的影响和自身的努力下，张家姐弟从不让人失望，皆稳居班级第一名。因此，张家姐弟不用为学费而担忧。谈及自己成绩优异的原因，张钺总结为"认真"二字。他始终保持清晰的学习与休息界限——上课、自习时全神贯注，课余、假期则尽情玩耍，这种张弛有度的方式，使第一名成为他和姐弟们的最低要求，未能夺魁便如同失败。尽管父亲早逝，张钺并未感到孤单，许多亲人师友都给予了他关爱和温暖。在学校，校长林芝兰和老师薛章积格外疼爱他，在校任教的大哥张铙、大姐张玖也时常在生活上照顾和帮助他。此外，堂哥张锴、张钲亦是他的同窗，彼此在学习上相互竞争、共同进步，正应了那句"顾予同邑又同窗，少小论交情谊长"。

努力学习并不意味着生活枯燥乏味。张钺的五姐张琇曾用一首诗回忆他们姐弟的童年时光：

童年忆，诸事忆朦胧。难忘双亲谆教诲，唯知文理苦勤攻，岁月去匆匆。

亲情乐，姐弟跃登峰。盘坐野餐同览胜，翠荫彩蝶逐顽童，夕照醉玩中。

童年时的张钹对周围的一切都充满了好奇。在当时的龙田，娱乐活动并不多，看闽剧几乎是孩子们为数不多的乐趣。每逢节假日，剧团演出时，小孩可以免费看戏，但平日里则需要购票。好在镇上有个不成文的规矩，戏演到尾声时，祠堂的仪门便会打开，允许民众自由进出，这种习俗被称为"拔戏尾"。张钹每天放学后，正好赶上这一时段，他总要跑去看上一段，等戏散了才回家。除了看闽剧，变戏法也是孩子们喜爱的活动。有一次，张氏祠堂前围满了人，锣声急促，一名中年男子手持三根短木棍，来回敲打，声称要将木棍全部吞下。实际上，这人是卖狗皮膏药的，变戏法只是吸引顾客的手段。许多观众看完戏法后就散去，对膏药并不感兴趣。然而，张钹却没有离开，他对这个表演产生了浓厚的兴趣，决心弄清其中的奥秘。几次仔细观察后，他终于发现了诀窍：变戏法者每次高举三根木棍，最后却只吞下一根，说明其中只有一根有玄机。表演者反复倒换木棍，以证明它们都是木头做的，实际上，其中一根是纸做的，最终便是将这根纸棍吞入口中。年少的张钹天生好奇，对任何事都要刨根问底，喜欢动脑思考。

寒暑假是孩子们最快乐的时光。暑假里，七柱厝聚集了许多同龄玩伴，与张钹同龄的就有四人，而年龄相近的更是有十多个，大家常聚在一起玩各种游戏。其中，男孩们最喜欢"攻城"。游戏规则很简单，参与者分为两组，各占据一根立柱作为"城池"，后出城者可以追赶先出城者，设法将对方"打败"（即触摸到对方），最终目标是攻破对方的"城池"（触碰对方的立柱）。这个游戏需要速度与灵活性，既刺激又能锻炼身体，是孩子们最喜爱的活动之一。寒假恰逢春节，福清一带称春节为"做年"，从农历十二月二十三日的"筅堂"（扫尘）开始，家家户户便忙碌起来，清扫灰尘、整理家具，为迎接新年做准备。然而，这段时间恰逢期末考试，孩子们通常不会参与家务，尤其是张琇、张钹和张铃，三人就读同一所学校，班级相近，同时迎接考试，学习压力格外大。直到考试结束，他们才算正式开始过年。除夕夜，全家围坐在一起吃团圆饭。福清有守岁的习俗，当夜家人会通宵相伴。张钹的母亲会悄悄把压岁钱放在孩子们的枕头底下，第二天一早，孩子们便能收到惊喜。正月初一的早餐是线面配太平蛋，寓意福寿绵长、太平如意。七柱厝住着近十户人家，正月里，家家户户都会互相拜年，热闹非凡。午夜时分，年轻人聚在前厅燃放二踢脚，或者把燃着的小鞭炮扔到天井，等爆竹燃尽后，孩子们就冲到天井中央，寻找未炸响的小鞭炮，取出火药做烟花。春节的喜庆氛围一直持续到正月十五才算结束，而这段与小伙伴们在节日期间尽情玩耍的日子也成为张铍童年里最美好的回忆。

学校为了防止学生在假期里完全沉浸于玩乐，规定除周日外，每天必须完成一篇日记和一张大楷（毛笔字）练习，开学时只有上交作业才能注册入学。张铍平时上课勤奋，但毕竟年纪尚小，自制力有限，假期里也像其他孩子一样贪玩，很快就把作业抛到了脑后。直到临近开学，他才和许多同学一样，匆忙补齐作业。大楷练习相对简单，一两天就能完成，而日记则要动些脑筋，即便是假装每天都有记录，也得想办法编写内容。于是，像蚂蚁搬家、蜘蛛织网、狗打架等日常趣事便成了日记里的素材。每篇日记的开头需要填写日期、星期和天气，前两项可以翻阅日历，但天气状况却难以回忆，只能凭印象随意填写。幸运的是，老师收上作业后并不会仔细核对这些细节，于是，孩子们便在一片轻松愉快的心情中结束了假期。

然而，在那个动荡的年代，欢乐与祥和随时可能被战乱打破。1943—1945年，日本侵略的阴影笼罩着龙田。夏夜闷热，村民们常常在埠墩乘凉，大人们议论着世事，孩子们则围坐一旁聆听。这些谈话内容大多令人揪心：有人说日本人即将打过来，国民党会实行焦土政策，把龙田镇夷为平地；有人则担忧，一旦龙田沦陷，男孩们都会被杀害，百姓将沦为亡国奴。面对这些消息，人们长吁短叹，忧心忡忡，不知未来何去何从。直到1945年8月15日，日本宣布投降，这个消息如惊雷般在龙田镇炸开，全镇沸腾起来。

张铖清楚地记得，那一天，龙田街上张起了巨幅帆布，覆盖空中，福清人称为"幔天"，寓意用布幔遮住天空。这种场面极为隆重，只有在重大庆典时才会出现。街上锣鼓喧天，舞龙、耍狮、踩高跷、陆地行舟等表演队伍从街头走到街尾，沿途鞭炮声此起彼伏，商店纷纷邀请舞龙、耍狮的队伍入内绕行，以祈求吉祥。狂欢一直持续到深夜，人们才渐渐散去。

1947年，张铖小学毕业。在毕业前，学校按惯例组织了一次远足活动，全体学生前往福庐山游览。在这次活动中，大家一边观赏景色，一边游戏嬉戏，珍惜着小学生活的最后时光。张铖的毕业成绩位列全班第一，获得了编号为"天字第一号"的毕业证书。当时，毕业证书的编号方式是在骑缝处标注"＊字第＊号"，不同的毕业班级会使用不同的"字"，而张铖所在班级使用的是"天字"。成绩排名决定编号顺序，第一名即"第一号",因此,张钹的证书上印着"天字第一号"——这个编号在校园里一时传为佳话。在张钹的小学毕业合影中,75名赤脚同学和13位教师共同定格下了这段年少岁月。虽然大家没有统一的校服,但每张脸上都洋溢着朝气和自信。坐在第一排的张钹,制服上的七颗纽扣扣得整整齐齐,身姿挺拔,神情坚定,已然展现出一份不凡的气质。

德才兼备

1947 年 7 月，张钹以优异成绩完成小学学业，学校保送他升入融美初级中学。这所创立于 1892 年的名校（现福清第三中学）素以治学严谨著称，"居心当如止水，求学譬诸为山"的校训传承逾百载。历经 130 年办学积淀，该校先后走出三位中国科学院院士：气象学家高由禧、地球物理学家曾融生及计算机应用专家张钹。1932 年，校友曾焕枢为校歌写词，其歌词既描绘了依山傍水的校园景致，也诠释了学校"重德励学"的育人传统：

福庐崔巍，金山拥峙，山明水秀钟融美。

良师益友，群英翠止，济济多士，梯山航海仰绛帷。

猗欤融美，教泽宏敷，声名洋溢逾五纪。

勖哉莘莘学子，力学致用，踊跃前进，为国效荩忠。

融美初级中学距离张钹的家并不远。从融美毓德联合小学出发，向北步行，穿过一个广场，就能看到融美初级中学的围墙南端。校门设在西侧，步入校园，首先映入眼帘的是一座坐东朝西、由白色石块砌成的二层小洋楼，因而被称为"石厝"。石厝南侧是一栋红砖灰瓦的二层洋楼，称为"南洋楼"，北侧则是一座灰色的砖木结构二层洋楼，名为"北洋楼"。石厝是学校的教学楼，共有五六个房间，其中三四间用于不同年级的学生上课，楼下一间设为物理与化学实验室。南洋楼主要用作男生与教师宿舍，二楼还设有一个小礼堂，是全校师生集会的场所。北洋楼则为女生宿舍，同时也是校长一家居住的地方。在北洋楼后方，有一个面积广阔的操场，因紧邻金山脚下，被称为"后山"。南洋楼南侧设有一个篮球场，再往南，还有另一片操场。当时，融美初级中学共有学生266人，除了龙田镇本地生源，还有一些来自周边乡镇，如海口、高山和渔溪。虽然这些地方也设有中学，但因融美初级中学历史悠久、教学质量突出，故吸引了不少学生前来求学。此外，还有一批从南洋（主要是印尼）归来的华侨子弟——当地人称他们为"番客仔"。他们的父母希望子女不忘祖籍文化，便送回家乡求学。学生的住宿安排与小学类似，本镇学生以走读为主，外地学生则寄宿在学校。南洋楼东北侧设有厨房，住校生需自带一周的口粮，由厨房提供蒸煮条件。相比小学时期，住宿条件已有明显改善，每间宿舍配备四张上下铺床，可容纳8名学生。尽管如此，大多数学生家庭经济拮据，求学的目的主要是将来谋生。1947年，张钹进入融美初级中学，成为"晨曦级"新生（级训为"旭日东升"）。该年级共有 142 名新生，但到 1950 年毕业时，仅剩下 61 人。时任校长陈举鸣（土壤学家，1956 年后在福建农学院任教）回忆说，许多学生因家庭经济困难或学业压力而被迫辍学。面对现实的挑战，张钹始终保持低调朴实的生活态度，同时在学业上精益求精、不断进取。他的成绩一直遥遥领先，远超同龄人，这不但源于他的自身努力，也离不开老师们的悉心栽培。

陈举鸣校长深知张钹的潜力，特意为他提供更多学习资源。他将石厝一楼物理与化学实验室的钥匙交给张钹，允许他在课余时间自由进入实验室做实验。这不仅是一把铜钥匙，更是一把"金钥匙"，它开启了少年张钹探索科学之路的大门。校长的行为既体现了他慧眼识才，也说明了张钹未来可期。在实验室里，张钹充满自信，不断钻研，勇攀知识高峰。1950 年夏天毕业时，陈举鸣校长还特意邀请张钹到北洋楼，与自己一家共进晚餐，并勉励他再接再厉，向更高的目标迈进。张钹的物理老师同样十分器重他。为了传播科学知识，老师曾在校内创办物理科普壁报。然而，当时初中生对物理知识的接触有限，能撰写相关文章的人寥寥无几，于是成绩优异的张钹便成为壁报的唯一投稿人。在老师的鼓励下，他撰写了一篇关于潜望镜的文章。根据找到的潜望镜图片，张钹用光学的知识分析了其工作的原理。后来，这位物理老师被调到福州高级工业职业学校任教，便将壁报的编辑工作交给了张钹。在大哥张铙的帮助下，张钹又坚持完成了几期壁报，虽然最终因材料匮乏而停办，但这一经历激发了他对科学的浓厚兴趣。物理老师在福州期间，张钹仍与他保持书信联系，时常向其请教物理问题，而老师也总是耐心细致地解答。此外，数学老师方景曾、余肇浚也给予了张钹许多课外辅导和鼓励。由于成绩优异，尤其在数理化方面表现突出，老师和同学们普遍认为，张钹未来有望成为像爱因斯坦那样的科学家。在这样的环境熏陶下，张钹的科学梦想逐渐清晰，并最终成为他毕生的追求。

1949 年 8 月 16 日，福清县（今福清市）解放。为攻打平潭、厦门等沿海岛屿，次日，解放军大部队自县城南下，途经龙田镇，张钹对此记忆犹新。由于原本驻扎在镇内的章毓金部队早已撤退，17 日上午，大批民众自发聚集在街头，等待解放军的到来。当远处公路上出现绵延不绝的身着黄色军装的队伍时，人们兴奋不已，欢呼鼓掌，甚至燃放鞭炮庆祝，龙田镇就这样顺利解放了。

1949 年 12 月，福清县组织全县范围的国语演讲比赛，每所学校派出两名代表参赛，张钹是其中之一。比赛当天，全体初三学生赴县城观看。尽管县城距离龙田镇仅 15 千米，但平日里学生们鲜有机会前往，因此大家都十分期待。当时，演讲稿由老师事先拟定，参赛者主要进行朗读。张钹自小学起便屡次在校内比赛中拔得头筹，因此积累了一定经验。然而，这次比赛的规模远超以往，不仅有多个中学的代表参加，甚至还有高中生同场竞技。比赛在一座大礼堂内举行，台下坐满了各校师生，观众多达五六百人。赛前，各校学生展开了热场的"拉歌"活动，现场气氛十分热烈。正式比赛时，演讲内容不限主题，张钹选择了自己擅长的话题《国防科学与世界》。他的演讲围绕科技强国展开，探讨大国如何利用科技优势研制武器，欺侮弱小国家，并由此引申出弱国必须发展科技，走向富强之路。或许，那时的张钹已经在心中埋下"科技兴国"的信念。参赛选手共12 人。来自县中学的学生见多识广，演讲时显得从容自信，还融入了手势和即兴发言。然而，过度的表演痕迹使其略显造作，缺乏真挚情感。相比之下，张钹则沉稳地站在台上，凭借对内容的深刻理解，将情感自然融入演讲之中，毫无多余动作。这种"原生态"风格让听众的注意力完全集中在演讲本身。最终，评委一致认定张钺为第一名，并为他颁发了一只福建著名的工艺品——脱胎花瓶，瓶身刻有"福清县中学演讲比赛第一名"的字样。

1950 年，福清县召开第一届各界人民代表会议。融美初级中学地理老师张端机于 1946 年加入中共地下党，会议召开时担任常务委员会委员。由于需要选派中学生代表参会，张端机认为张钺不但成绩优异，在同学中威信较高，而且乐于助人，还在全县演讲比赛中荣获第一名，在县内已小有名气，因此推荐他作为中学生代表出席。

也是这一年，张钺以优异成绩从初中毕业。按照惯例，所有毕业生需进行毕业远足——"游三镇"（龙田、海口、渔溪），这是同窗三年的最后一次集体活动。初中三年，张钺收获了深厚的友情。其中，薛攀杰来自薛港村，成绩优异，且写得一手好字。他常打趣劝张钺："毛竹不分叉，天会捅破"，意指不要过度用功。翁其楷是渔溪镇人，家境殷实，自小学起便与张钺同桌，初中又在同班，二人关系亲密。安康来自福清县，高中就读于英华中学，与张钹再度成为同学。他的姐姐安琼是张钹的大姐张玖的朋友，而姐夫郭永融是张钹的老师，经常以"享耳"笔名发表文章，大家因此有许多共同话题。在毕业纪念册上，薛攀杰写道："张君名钹，性俭朴，穿着不入时的衣服，但品学兼优，学科成绩在'晨曦级'中首屈一指。打从小学至今十二次头名过，特长数理，尤擅言辞，一有演讲，同学总是一致推举他，人家一提起他的名字，莫不称美而仰慕。"张钹则在留言中写道："新时代的青年，应当俭朴、好学、活泼。朋友，发扬你的好风度，做青年中的模范！"

未来的路如何走，张钹原本有着一个明确的计划——进入福州英华中学读高中，这所学校一直是他向往的地方。从大哥张铙那里，他听到了许多关于英华中学的趣闻轶事。这是一所知名的贵族学校，除国文课程外，其余课程均采用英语教学，毕业生大多前往美国深造。英华中学已培养出一批杰出的科学家、医生和律师。张铙还向他讲述了校长陈芝美卓越的口才，以及许世晖先生精湛的物理教学水平，甚至连他的物理考试之难都成为学生间津津乐道的话题。英华中学的学生曾编过一道与此相关的谜语："世晖先生考物理"，打一位世界名人，答案是"真纳"，即指巴基斯坦国父穆罕默德·真纳，而其恰好是福州方言"真刁钻、真难"的谐音，形象地表达了考试的难度。然而，现实问题摆在眼前。大哥张铙即将上大学，大姐张玖已婚，家中唯一的经济来源断绝，而五姐、两个弟弟以及张铍都在求学，家里的经济压力可想而知。在这样的情况下，张铍不得不重新思考自己的升学选择。他带着一丝迷茫，踏上了前往福州的旅途。当时，好的高中大都建在福州市，各学校实行自主招生，考试时间不一，集中安排在7月底至8月底的某一天。因此，张铍需要前往福州，依次参加各所高中的入学考试。这是他第一次独自远行。龙田到福清的路他走过多次，只需半天便可抵达县城，并借住在同学安康家。第二天清晨，他从福清县城出发，前往连江县魁歧镇，再从那里乘船抵达福州。傍晚时分，他到达福州，暂住在姐姐家。张铍的姐夫是福州格致中学的化学教师，业务精湛，深受学生喜爱，但性格沉默寡言，与张铍的交流较少。当时姐姐因病住院，张铍在福州的日常生活由姐夫照顾。每天清晨，姐夫为他准备好稀饭和简单的菜肴后，便去学校上班。因稀饭足够两餐，中午时姐夫并不回家，直到晚上下班后再和张铍一起吃晚饭。

　　1950 年 7 月底，张钹先参加了福州高级工业职业学校的入学考试。由于该校为所有学生提供助学金，因此吸引了福建各地的考生。考试结果公布后，张榜名单贴在墙上，考生们纷纷仰头寻找自己的名字，而张钹的名字赫然排列在第一位。自此，大家都知道有个叫张钹的学生入学考试考了第一名，在当时成了福州学界的名人。几天后，他又参加了福州第一中学的入学考试，这所学校与英华中学齐名，考生众多。福州第一中学的考试除了笔试，还包括口试。在口试环节，老师提出的最后一个问题是："现在的学生会与过去的学生会有什么不同？"面对这一开放式提问，张钹并未慌张，而是根据自己的理解作出回答。他的沉稳和见解给考官留下了深刻印象。考试结束时，老师们私下交流后，主动询问张钹："你在福州高级工业职业学校考了第一名，准备去那里吗？"张钹如实回答："是的。"老师们似乎有些意外，又追问原因，他解释道："家里经济困难，而福州高级工业职业学校提供助学金。"听后，老师们表示："我们学校也有助学金，可以资助你，希望你能来我们学校。"然而，张钹仍旧顾虑重重，只能无奈地表示需要再考虑。最终，成绩公布，张钹依旧名列榜首。

连续考上两所学校的第一名，张钹却没有丝毫的成就感，反而更加忧虑。他最向往的英华中学考试安排在8月底，但考虑到长期麻烦姐夫照顾自己的生活，他决定不再继续参加考试，提前回家。回到龙田后，张钹向家人汇报了情况。大哥张铙听后严肃地批评道："哪有这么傻的？放着普通高中不上，反而去读中专？"张钹知道，哥哥的责备是出于对他前途的关心。然而，经过反复思考，他最终还是选择了福州高级工业职业学校。虽然普通高中也提供助学金，但名额有限，而职业学校的助学金覆盖所有学生，这对于家境清贫的他而言，无疑是最现实的选择。

1950年9月，张钹来到福州高级工业职业学校报到。学校的助学金按家庭经济情况分为甲、乙、丙三等，张钹被评定为乙等，每月可领取20多斤大米。食堂的伙食条件虽然简陋，每餐8人一桌，仅有一碗大白菜，几乎没有油水，但相比家中的生活条件已算改善，至少可以保证顿顿吃上白米饭。不过，随着时间的推移，张钹却逐渐对学校的学习环境感到失望。一方面，课程内容过于基础，数学课大多是初中知识的重复，且学校不教授英语，这让张钹觉得难以学到知识。另一方面，宿舍里，闽南与福清籍的学生形成小团体，彼此间时常恶作剧，玩心较重，缺乏学习氛围。面对这样的环境，张钹意识到，福州高级工业职业学校并不是实现自己理想的地方，他必须尽快寻找更适合的学习环境。于是，他萌生了转学的想法。当时，从职业学校转入普通高中并不容易。张钹向教务处处长张国藩咨询转学的可能性。由于张钹的学习成绩全校有名，张国藩也支持这位优秀学生到更好的学校继续深造，便表示只要对方学校愿意接收，转学便可成行。于是，1951年年初学期开学后，张钹主动联系英华中学，表达了转学的意愿，并提交了福州高级工业职业学校第一学期的成绩单及初中毕业成绩单。英华中学的态度十分积极，很快给予答复："只要对方学校愿意放人，我们一定接收。"据说，这一决定是在英华中学林穆和、邵宗周等资深教师的极力推动下促成的，他们认为张钹是难得的人才，应该给予其更好的升学机会。最终，张钹顺利完成转学手续。

来到英华中学，张钹终于如愿进入普通高中学习。英华中学创办于1881年，是福建历史悠久的名校，位于福州市仓山区，紧邻闽江，与市区隔江相望。学校分为高中部和初中部，其中高中部坐落于山顶，由三栋四层的红砖洋楼组成，包括教学楼、办公楼和宿舍楼，校园环境优美，文化氛围浓厚。学校的师资力量也非常雄厚，曾有众多著名学者在此任教，如国学名师陈遵统、林行陀，著名作家萧乾，科学家沈元等。校友中亦不乏社会精英，包括林森、黄乃裳等 5 位辛亥革命元老，方尔灏、王助等 13 位革命烈士，以及众多院士（涵盖中国科学院、中国工程院、台湾"中央研究院"、美国工程院）等学术界翘楚。当时的校长林观得，于 1931 年毕业于燕京大学地质系，后赴美国西北大学攻读地貌学硕士学位，是英华中学前任校长陈芝美的学生。陈芝美曾长期担任校长，将英华中学发展为福建省一流学府。尽管到张钹入学时，英华中学昔日"贵族学校"的氛围已不如以往，但仍能见到一些遗留的影子——比如，学校食堂提供的伙食较为简单，部分富裕学生便会在餐厅旁购买酱肉、卤鸡等食品加餐；每逢周末，洋洗馆的工友就会准时到学生宿舍收取富家子弟的换洗衣物。然而，这些现象在张钹入学后不久便逐渐消失。学校的名字也有了变化，先是更名为福州第二中学，1952 年又改为福州大学附属中学（后来又几经更名，现名为福建师范大学附属中学）。之后，学校的教学氛围更加纯粹，老师们也对教育满腔热忱。在英华中学，张钹得到了多位名师的悉心指导。其中就有哥哥讲过的、闻名福州学界的、以"喜欢出难题"著称的物理老师许世晖，他对张钹格外器重，称赞他是"唯一不被他难题难倒的学生"，两人一直保持着深厚的师生情谊，直到2000年许世晖去世。数学老师邵宗周和化学老师史家驹也对张钹关怀备至。语文老师张书竹不仅擅长文学，还精通国画，他在讲解鲁迅短篇小说《药》时，一边朗读，一边在黑板上作画，将枯燥的文字转化为生动形象的视觉画面，使得原本偏爱理科的张钹对语文也产生了浓厚兴趣。张书竹老师曾赞扬张钹"文理皆通"，经常在作文评分时给予90分以上的高分。此外，地理老师不仅英语流利，还略懂俄语和西班牙语，因此能够通过语言联想帮助学生记忆复杂的地名。例如，在讲解苏联城市马格尼托戈尔斯克（Magnitogorsk）时，他解释该名称意为"磁山城"，让学生们轻松掌握。英语老师海伦，据说曾是加拿大电台的广播员，其英语发音标准流畅，课堂气氛生动活泼。在这样的学习氛围中，张钹如鱼得水，热情倍增。英华中学名师云集，为学生提供了广阔的知识平台，也造就了一代代杰出人才。对于张钹而言，这不仅是一所求学之地，更是他学术理想启航的起点。

当时的英华中学学生大致分为两类。一类是从初中直升的"老英华"——这些学生大多在中华人民共和国成立前入学,家庭背景优越,主要来自福州市区,并且以走读为主。在张铋所在的班级,就有国民党元老林森的侄孙、闽北军阀卢兴邦的儿子、"民天酱油"行老板的儿子,以及福州著名外科医生"林一刀"的儿子。这些出身显赫的学生仪表堂堂,谈吐得体,接受过良好的教育,不仅学业优秀,还多才多艺。有人精通小提琴或钢琴,有人擅长交际舞,甚至有人能说一口流利的英语,对美国爵士乐如数家珍。他们活跃于各类校园活动,主持合唱,发表演讲,展现着自信和优越感。另一类则是在中华人民共和国成立后通过考试进入英华中学的,他们来自福建各县镇。虽然初中阶段成绩优异,但由于家乡教育资源有限,他们的学习基础相对较弱,见识也较为局限。相较于"老英华",这些新生显得质朴低调,不擅长追赶潮流。从外在气质到言谈举止,两类学生形成了鲜明的对比,"老英华"往往带着几分优越感,而后者则需要适应新的环境。

张铋属于后一类,但他并未因此感到自卑。他清楚自己最大的优势——出色的学习成绩。1951年春季,张铋刚转入英华中学高中一年级下学期,便在期中和期末考试中斩获班级第一,且总分远超第二名。这让"老英华"们感到意外，一个从中专转学而来的"乡下学生"竟能在学业上超越他们？1952年秋，张铵的弟弟张铃也考入英华中学，又一位来自县镇的"福清哥"进入这所名校。张铃不仅聪慧机敏，在体育和绘画方面也颇有天赋。兄弟二人凭借优异的表现，最终赢得了所有人的认可，连一向自视甚高的"老英华"也不得不对他们刮目相看。

可是对张铵而言，尽管学习成绩突出，他却从不自视清高。他受家庭影响，性格豁达，乐于助人。在保证自身学业的同时，他主动帮助学习困难的同学，尤其是来自乡镇的学生。他甚至还到同学家里进行辅导，因此多次受到班主任的表扬。"教学相长"，在辅导过程中，他的知识也得到了进一步巩固，尤其是数理化科目，考试时几乎无需额外复习。每逢学校放假，张铵还会回到家乡，积极参与同学会的活动。除了组织同学宣传党的政策，他还在镇里上夜课，帮助当地妇女扫盲。虽然当时许多妇女没有接受过教育，但求知欲极为强烈，课堂气氛异常热烈。张铵凭借帮助同学补习时积累的教学经验，将课程讲解得生动易懂，因此深受欢迎。在日常校园生活中，张铵的兴趣爱好也逐渐展现。他并非"只会读书的'Booker(书呆子)'"，而是兴趣广泛，涉猎音乐、舞蹈和体育。与他关系密切的同学林求发擅长吹口琴和拉二胡，张钹便向其学习，不久后就能熟练演奏当时流行的曲目《王大妈要和平》。此外，他还学会了"插秧舞"，在《布谷声声》的伴唱下，模仿农民插秧的动作，同学们都称赞他的舞姿协调优美。

张钹在各方面的优秀表现使得老师们对他更加喜爱，在学业上也给予他更多悉心的指导。在这些良师的影响和激励下，培养了他严谨认真的态度和坚韧不拔的精神，而这正是成为科学家和科研工作者的重要素养。同时，老师们的敬业精神和对学生的关怀，也成为张钹一生受用的宝贵财富。

对于张钹在英华中学的表现，班主任邵宗周在成绩单上的评语是："学习努力，成绩优异；尊敬师长；有互助友爱精神"。如果用四个字来概括，那便是——德才兼备。

张钹在英华中学度过了三年充实而难忘的高中时光。每学期期中和期末考试，他都稳居班级第一名。1953年夏天，高中毕业在即，张钹即将迎来人生的重要关口——大学入学考试。尽管家中经济条件依然紧张，五姐张琇和其他兄弟姐妹都还在求学，但幸运的是，他们都能依靠助学金完成学业，尤其是张琇获得了"柯林奖学金",金额相当丰厚。因此,考上大学对张钹来说,已不再像当初选择高中时那样充满顾虑。事实上,自从成功转入英华中学后,他的目标已经非"清华北大"莫属了。英华中学高中部北门外有一座操场,操场下方便是闽江,江水缓缓向东流入大海。张钹常常坐在操场边,俯瞰江面上穿梭往来的船只,心生遐想。当时,福建尚无铁路,公路稀少,闽江成为进出福建的重要通道。从这里乘船逆流北上约百余千米,便可抵达南平县(今南平市),再翻越武夷山,就可以看到省外的世界。望着江面上的轮船,聆听汽笛长鸣,他憧憬着有一天自己也能乘船北上,前往更广阔的天地,追寻心中的梦想。

当年的高考科目共七门,包括语文、数学、物理、化学、英语、生物,以及合并为一门的历史与地理。生物满分60分,其余科目满分均为100分。不同于后来的高考复习模式,当时的考生主要依靠自学备考。至于填报志愿,张钹与那个时代许多有志青年一样,希望通过学习提升自己,为国家建设贡献力量。因此,他的目标很明确——选择全国最好的学校、最好的专业,接受最优质的培养,才能在未来为国家作出更大贡献。对于一向生活在闭塞小镇的张钹来说,印象中全国最顶尖的学府非清华大学莫属。然而，对于大学里的各类专业，他并不十分了解，只是听说电机系在当时声名显赫。因此，他将第一志愿填报为清华大学电机系电机与电器制造专业，第二志愿则是北京大学物理系。高考结束后，张钹以数理化三科满分的优异成绩顺利考入清华大学。虽然当时考试成绩并未正式公布，但他的老师对这位得意门生寄予厚望，特意去查看了分数。当"三个一百"的消息传开后，张钹的考分不仅在英华中学师生间成为佳话，也在家乡福清广为流传。录取通知书是一张薄薄的纸片，考生需提前填写通信地址，以便学校寄发。张钹当时填写的是福州大学附属中学。一天，他在门卫室的信件堆中发现了那张通知单，抬眼望去，清华大学四个大字赫然映入眼帘。至此，他多年努力的目标终于实现。不过，尽管张钹如愿考入清华大学电机系，可他的物理老师却感到有些惋惜。在老师看来，他的天赋更适合攻读理科，而非电机制造这样的工科。但是，18岁的张钹对此并没有多想，他正满怀期待地憧憬着即将迈入清华园，迎接人生的新篇章。

在家人的共同努力下，张钹的兄弟姐妹也都相继接受了高等教育。大哥张铙考入上海交通大学，五姐张琇进入福州幼师并获得奖学金，大弟张铃被保送至南京航空学院，小弟张锻则考入福州大学。张家兄弟姐妹凭借勤奋和才华，先后迈入高等学府，在求学路上不断前行。

清华逐梦

拿到清华大学的录取通知书后，张钹开始准备行装，踏上前往北京的旅程，开启全新的大学生活。这意味着他要离开生活了 18 年的家乡，而家里也将迎来新的变化。此时，小弟弟张锻刚刚小学毕业，由于兄弟姐妹们相继离开龙田，母亲决定带着张锻前往福州，与大姐张玖一家同住。一方面，她可以帮忙照顾大姐的家庭；另一方面，张锻也能就读英华中学初中部。全家人齐聚福州，为张钹的远行做最后的准备。遥远的路途和拮据的家境，让路费成为首要难题。好在五姐张琇 1952 年从福州幼师毕业后，刚在泉州幼儿园工作，经过她和母亲的努力，路费得以勉强凑足。临行前，母亲还为张钹准备了一床厚厚的棉被，听说北京的冬天寒冷，她特意将两床薄被缝合在一起。收拾行李时，母亲看到小箱子里仅有薄薄一层衣服，眼眶不禁湿润，哽咽道："哎！长这么大了……"后面的"还没有多少自己的衣服穿"却再也说不出口。由于家中经济窘迫，张钹一直穿着大哥剩下的衣物，而此刻看到母亲为自己操劳的模样，他也忍不住流下了眼泪。

1953 年 9 月初，张钹从福州启程北上。出发时，母亲站在门口，身影瘦弱，目送着他远去。此刻的张钹，心情复杂。他曾无数次想象过坐船逆流而上，奔赴北京求学的场景，但真到了要离开家乡的这一刻，竟然高兴不起来。张铍班级共有五名同学考入了清华大学，其他四人已经先行前往北京，这次同行的，都是去北京其他高校的学生，由考入北京师范大学的林伯良担任队长。他们乘船夜航至南平县，在当地一所学校借宿一晚。第二天清晨，再乘坐大卡车翻山越岭前往江西鹰潭。卡车装满了货物，几名学生只能盘腿坐在货物堆里，每人把茶缸挂在车厢边，以防晕车呕吐。一路颠簸，坐了一整天，到达鹰潭时，大家的腿早已麻木，几乎无法站立。在鹰潭休整一夜后，他们前往火车站。由于福州当时尚未通铁路，许多同学第一次见到火车，纷纷围在铁轨旁观察，有的趴在地上想看看火车如何运行，有的则忍不住摸摸车厢，充满好奇。上午，火车从鹰潭出发，下午抵达上海。一路上，外面的世界让他们目不暇接。上海车站里人来人往，小贩叫卖着各种食品，其中一种叫"素鸡"的小吃吸引了大家的目光，"鸡"怎么会这么便宜？好奇之下买来尝试，才发现原来只是豆腐干。火车继续北上，抵达南京后，由于当时尚未修建长江大桥，他们只能乘渡轮跨江到浦口，再换乘一列前往东北的火车。车厢里北方口音的乘客居多，身穿较厚的棉衣，饮食习惯也与福建大不相同。又经过一夜车程，清晨抵达天津，再换乘最后一趟列车，终于到达梦想中的北京。

　　到达北京火车站时已是深夜，站前广场上挤满了来自全国各地的进京学生。然而，由于学校已正式开学，各高校的接待站早已撤离，学生们只能席地而坐，耐心等待学校派车来接。许久之后，一辆卡车驶来，接走了清华大学的新生。夜色中，车辆疾驰在北京街头，张钹环顾着这座陌生的城市，尽管夜色已深，他依然清晰地记得月光下雄伟的天安门。进入清华园后，由于行李尚未到达，新生们暂时被安排在化学馆旁的一座简易二层宿舍中。此时，学校的迎新工作已经结束，办理新生入学手续的机构也撤销了，张钹花了不少工夫才找到自己所在的班级——电83班，大学生活由此正式开启。

　　1952年，全国高校进行院系调整，清华大学的文理科部分并入北京大学，学校转型为多科性工业大学。当时，电机系共设有三个专业：发电及输配电工程、工业企业电气化、电机及电器制造。张钹所学的专业是电机及电器制造，班级编号"电83"中的"电"代表的就是专业，"8"表示1958年毕业（学制五年），"3"则是该专业当年的三个班级之一，另外两个班是电81班和电82班。此外，发电及输配电工程专业设有三个班，工业企业电气化设有四个班，这一届电机系共10个班级，每班约 30 人。1953 年 9 月的一天晚上，清华大学诚斋（建于 1952 年，现已拆除，原址在逸夫馆附近）前的广场上，电机系迎新大会正在筹备。广场上临时搭建了一个讲台，400 多名学生静静地坐在小凳上，等待大会开始。学生中，约 300 人是当年入学的新生，大家虽不出声，但内心却很激动，尤其是来自电 8 的 100 名新生格外兴奋，他们从"电气机器制造类"考入清华大学，自认为属于"正宗"的电机系。当教授们陆续入场并在台上就座时，会场顿时鸦雀无声，新生们屏息凝神，伸长脖子张望——章名涛、孟昭英、王宗淦、黄眉、艾维超……从未见过如此强大的师资阵容，令他们倍感自豪。就在大会即将开始时，扩音器突然发出刺耳的杂音，工作人员手忙脚乱地调整，场面一时有些混乱。见状，孟昭英教授机智地走上台，幽默地说了一句："我是搞无线电的。"言下之意，（有线的）扩音器坏了可不关他的事。这句话立刻引起全场哄堂大笑，紧张的气氛也瞬间缓和。接下来是例行的嘉宾介绍和欢迎辞，随后学长们带来了文艺表演。其中，电 7 班的一场魔术表演最为吸引人。一位身穿黑衣的学生从白布帘的一端进入，从另一端出来时，衣服竟然变成了白色。老生们笑得前仰后合，而新生们则一头雾水，直到揭晓谜底——原来电 7 班有一对双胞胎兄弟，配合完成了这场"变装术"。晚会结束后，张钹和同学们正式成为清华大学电机系的一员，他们的大学生活也从这一刻真正启航了。

清华大学一直是张钹的梦想，如今踏入这座校园，一切都让他感到新奇和振奋。他之所以选择清华大学，并报考电机系，最初的原因只是因为"名气大"。后来，随着入学教育的深入，他才逐渐意识到，学校培养他们的目标是成为"红色工程师"。这个方向与他最初想当科学家的梦想有所不同，但张钹并非固执之人，他很快便接受了这一目标，并燃起新的理想——希望在 1958 年毕业后，成为国家第二个五年计划的建设者。张钹所在的电 83 班共有 34 名学生，其中包括 5 名女生，在当时的工科班级中算是女生较多的。宿舍被分配在诚斋 181 房间。诚斋是一座三层楼房，坐北朝南，每间通常住 8 人。而 181 号房间格局特殊，是一间较大的屋子，东西两侧各放 2 架上下铺，中间放 4 架，共可容纳 16 人。张钹住在中间一排的下铺，上铺的室友是印尼归侨方世琦，祖籍福建。对面住着薛钦琳和唐广金，斜对面是殷志鹤和马福祥，旁边是袁文川和费立信。这 8 人共用一张大方桌和几把椅子，宿舍布置简单，没有窗帘，床上铺着同学们从各地带来的各式花色床单和床垫。由于南方人习惯睡硬板床，张钹入学时并未准备床垫，只好将带来的红色羊毛毯垫在床上。这床毛毯颇有来历，是张钹的大舅早年从南洋带回来送给母亲的，曾是很时髦的"洋货"，但经年累月，早已失去了原本的光泽和柔软度，变得硬邦邦的。每人有一个行李箱，放在床底下，算是个人的全部财产。房间的另一头住着邓熙民、薛志尚、徐家栋等8名同学，来自全国各地。不同的生活习惯难免会相互干扰，比如邓熙民睡觉打呼噜，吵得大家难以入睡，但室友们从未抱怨，反而开玩笑地给他取了个外号"坦基"（俄语"坦克"的音译）。在张钹的记忆中，大家同寝三年，从未发生过争吵，相处十分融洽。1954年年初，北京下了一场大雪，南方同学都兴奋不已，纷纷跑到诚斋前的操场上打雪仗，追逐嬉戏。玩闹过后，大家兴致未减，摆好姿势，在雪地里拍下了一张珍贵的合影。

学生的日常用餐在明斋北面的北大饭厅，距离张钹的宿舍很近，非常便利。食堂实行包伙制，每月收费12.5元。饭厅里摆放着十几张大方桌，开饭前，每张桌上已准备好8双筷子、8个盘子和一盆炒菜。饭厅自由进出，无需携带饭票或其他凭证。学生们进餐时，可选择任意一桌，如果菜还未分好，需要主动将其均分为8

份；若前人已分配妥当，则可随意取用。米饭、馒头和清汤不限量，随吃随取。由于饭厅内没有椅子，大家都是站着吃饭。这样的自由就餐方式持续了一年多，既方便又节省时间。后来发生了一个小插曲——有个小偷白天混入饭厅吃饭，晚上则在宿舍楼梯下的储存室过夜，就这样在学校里白吃白住了一个多月，竟无人察觉。为杜绝类似事件，学校调整了就餐制度，每月初发放一摞就餐券，每餐使用一张，过期作废。进饭厅时，需在入口处交券，再端走一盘菜，而主食仍然不限量。虽然管理更为严格，但就餐的便利性却不及从前。

初到北京，张钹对这座北方城市的氛围感到很新鲜。1953年入学时正值秋冬，北京一片灰色，建筑庄重，远不及南方城市的热闹繁华。相比之下，福州虽是中小城市，却到处是五光十色的橱窗、花花绿绿的招牌，车水马龙，生机勃勃。北京的街道则显得空旷，人流稀少，车辆不多，商店门窗紧闭，若不走进去，很难知道里面售卖何种商品。然而，北京人的热情和礼貌却让张钹印象深刻。乘车时，年轻人会主动给老人和妇女让座；行人经过身后，总会听到"借光""劳驾"的礼貌用语。南方来的同学初来时听不懂这些北京方言，以为"劳驾"是"老将"，让年轻的张钹感到莫名其妙。问路时，不论大人还是小孩都会热情指引："直奔东，过路口往北……"但对于不熟悉东西南北方位的南方人来说，这样的指路方式反而让人更加迷糊。

当时，公共交通不够发达，除了步行，清华大学的学生进城唯一的交通工具是一辆私营的黑色老爷车，往返于西直门与清华园之间，载客7～8人，票价1角钱。尽管价格低廉，可大家仍然舍不得花钱，通常选择步行进城。在清华大学的5年里，除每年两次的游行，张钹很少进城。校园内的小卖部可提供牙膏、毛巾等日用品，能满足基本生活需求，无需频繁外出。每逢五一或十一，全体学生都会参加天安门前的群众游行。游行队伍的训练在清华大学西大操场进行，由体育教研组的王英杰老师负责，主要练习队列整齐、喊口号等内容。游行当天，凌晨四五点起床，学生们带上馒头、咸菜和鸡蛋等干粮，步行至清华园火车站，乘火车前往西直门，再步行至东单附近的指定地点等候，通常要到下午两三点才能结束。返校后，学校食堂会特意准备一顿丰盛的晚餐。有一年，游行当天突降大雨，大家全身湿透，回校后，食堂还贴心地准备了热腾腾的姜汤，防止感冒。当时的清华园比现在要小得多，东边的边界是一条铁路线，正好铺设在现在的"学堂路"上。铁路东侧是一片麦田，属于东升人民公社。二校门前有一条小水沟，门外杂草丛生，显得荒凉。西门是校园的主要出入口。到张钹1958年毕业时，铁路已迁至五道口，东侧大片土地划归清华大学，学校在此新建了主楼、学生宿舍等建筑。二校门向南修建了一条土路，经照澜院通往南门。南门外是一片空地，331路公交车的终点站设在那里。空地上仅有一家小饭馆，售卖馒头和包子。随着交通的变化，南门逐渐取代西门，成为清华大学师生进城的主要通道。

进入大学后，张钹和他的同学们很快感受到大学学习与中学的巨大差异。课程负担之重，远超出他们的预期。1952年全国高校院系调整后，清华大学全面引入苏联教育模式，学制改为五年。苏联的工科教育体系既强调实践，又注重理论基础，课程种类繁多，所有教材均采用苏联版本。例如电工材料课程，教材厚重，内容多为描述性知识，需反复记忆。第一学期除了数学、物理、化学，还开设了政治课与俄语课。此外，实践环节包括习题课、实验课和技工实习等。数学课程采用的是苏联应用数学专业的教材——斯米尔诺夫的《高等数学教程》，共三卷七本；物理教材是福里斯和季莫列娃合著的《普通物理学教程》，也是三卷；化学则使用格林卡的《普通化学》。这些教材的共同特点是内容丰富，难度极高。上课方式也与中学不同，教室不固定，时而大课，时而小课。化学课在西边的化学馆上，而物理课则在东侧的第一阶梯教室。下课后，学生们不得不从化学馆迅速跑到第一阶梯教室，以争取前排的听课位置。由于班上仅有两辆自行车，大多数同学只能靠步行，常常跑得气喘吁吁。课堂讲授内容信息量大，通常当天无法复习完毕。尽管课外作业不多，难度却极高，很多同学常常做不出来，特别是数学和物理的习题课，虽然每次只有三四道题目，能在课堂上全部完成的同学却寥寥无几。许多同学在进入清华大学前曾是各地重点中学的佼佼者，对自己的学业能力充满自信。然而，面对大学课程的高强度挑战，他们不得不重新调整心态，最初的自负逐渐被现实磨去。对于南方的学生来说，俄语学习更是难上加难。由于南方中学普遍教授英语，张钹和许多南方同学在入学时几乎没有俄语基础，只能从字母学起。每周六节大课，加之高强度的突击训练，使得他们叫苦不迭，难以应付。北方同学由于中学阶段已接触俄语，相对而言学习压力小得多。

宿舍条件较为拥挤，恰好图书馆位于宿舍南侧，故成为张钹复习功课的主要去处。每天晚上，许多同学都会早早来到图书馆门前排队，争取有限的座位。张铌最常去的是第二阅览室，那里摆放着两列长桌，共五排，每张长桌两侧各有五把椅子。同学们围桌而坐，在柔和的日光灯下默默复习，整个阅览室笼罩着安静而专注的学习氛围。阅览室周围陈列着各类书刊和画报，当感到疲惫时，张铌会随手翻阅几页，以缓解压力。直到晚上九点半，闭馆铃声响起，大家才匆忙收拾书本，离开图书馆。图书馆是张铌大学生活中最常去的地方，他在这里度过了许多难忘的时光。回到宿舍后，由于熄灯时间是晚上十点，同学们往往要等熄灯后才肯放下书本，接着涌向公共洗漱间，洗脸、洗衣，场面热闹非凡。这种场景会持续到十点半甚至十一点，然后宿舍才会渐渐安静下来。一些学习努力的同学则干脆跑到教学楼开夜车，直到半夜或凌晨才回宿舍休息。宿舍作息规定严格，每天早晨六点必须起床。一些同学利用这段时间到荷花池畔僻静处大声朗读俄语，为新一天的学习做准备。

那时，清华大学的考试采用苏联的口试制度，期末考试一般考 5 门课程，持续一个月。每门课程的口试题有几十种，每种题一般 3 道，涵盖运算和问答部分。考生按预先安排的顺序和时间进入考场抽签，抽到什么题目就考什么。每位学生有半小时的准备和答题时间。主考老师主要提问与考题相关的内容，但也可能会增加一些超出试题范围的问题，评分采用五分制。何成钧教授负责物理教学，他的教学严格，学生们对他敬畏有加。甚至有同学之间的传言称，何老师的考试一定要把学生问倒才能打分，这样一来，给多少分学生都无法反驳。张钹也经历过何成钧老师的严厉考核。记得第一次参加物理口试时，张钹答得很完整，何老师不断地提问，但张钹一直顺利作答，始终未被问倒。最后，何老师提出了一个与考题完全无关的问题："太阳表面的温度是多少度？"由于没有准备，张钹犹豫了一下，回答说"几千度吧"。何老师见状便结束了考试，并在张钹的记分册上写下了"5分"。这一幕不仅展现了何老师的严格，也显示了他对优秀学生的肯定。张钹获得5分后非常高兴，急忙从考场出来，生怕何老师反悔把分数收回。

这种考试制度的优点在于，老师能通过口试更全面地了解学生对课程内容的掌握情况。然而，它也有明显的缺点，即考试题目过于广泛，几乎涵盖了所有教学内容，学生们无法预测会抽到什么题目，复习时不得不面面俱到，十分辛苦。经过一个月的考试，学生们普遍感到身心疲惫。第一学年，大家都在努力适应大学的生活，加上课程的高难度，几乎所有时间都用来学习，周六晚上的电影和舞会几乎没人有时间参加，连周日也要继续复习。然而，在诚斋 181 宿舍中有一位同学例外，就是费立信。费立信从北京俄文专修学校的留苏预备班转学过来，免修俄语，因此有很多空闲时间。每到周六晚上，他总是去看电影，成为宿舍中唯一能享受这一娱乐活动的人。每次看完电影，他都会兴奋地与大家分享自己的感受。同学们只好无奈地听着，电影虽好，但没时间享受。随着时间的推移，班上的学习成绩开始拉开差距，成绩呈现明显的分化状况，分为上、中、下三种层次，呈现"两头小中间大"的特点。班里只有三四名同学成绩特别优秀，四五名同学成绩较差，其他人则处于中间水平。进入二年级下学期（1955 年），这一差距更加明显。在五门主要课程（马克思列宁主义、数学、物理、材料力学和电工基础）的期末考试中，只有薛志尚、何积范和张铖获得了全部满分（5 分）。而曾经热衷于看电影的同学，因无法赶上功课，渐渐停止了这一活动。南方来的学生也逐渐克服了俄语的难关，开始适应大学生活。每到周六晚餐后，这些同学便早早提着板凳去西大饭厅门口排队看电影。西大饭厅的屏幕较大，为了能更好地观看，大家都争相排队在正面坐下。记得有一次放映奥林匹克运动会比赛的纪录片,许多人第一次看这类影片,饭厅里座无虚席。由于张钹到得较晚,只能在反面观看,结果影片中的运动员都变成了"左撇子",十分别扭。夏天,西大操场有时会放电影,同学们站在操场上观看,影片多为苏联译制片。张钹至今记得一部名为《第六纵队》的影片,其中的对白让他印象深刻。

在清华大学浓厚的学术氛围和传统的影响下,学生们不仅重视学习成绩,还注重全面发展。清华大学一向重视体育教育,著名的体育教育家马约翰曾在校任教。1957年,蒋南翔校长提出"每个同学要争取毕业后工作五十年"的目标,1964年更发展为"为祖国健康工作五十年"的号召。因此,在张钹就读期间,每天下午4点半,大喇叭一响,大多数同学便换上运动服,前往西大操场参加体育活动。张钹通常会绕着跑道跑几圈,锻炼结束后,他常去体育馆后面的公共洗澡房洗澡。20世纪50年代,国家推行"准备劳动与卫国体育制度"(劳卫制),清华大学也鼓励每位同学通过一级劳卫制标准。由于检测项目多,且对体力、耐力和速度等方面有较高要求,劳卫制被视为对学生体育能力的全面评价。张钹所在的电83班几乎全员通过一级,少数同学还通过了更为严格的二级标准，而张钹便是通过二级劳卫制的学生之一。此外，张钹还积极参加课外文艺社团和科学兴趣小组，如清华大学舞蹈队和理论力学兴趣小组。在电机系的联欢会上，张钹曾与电9班的曹毓惠等同学一同表演了苏联舞蹈《林中空地》和《马刀舞》等。张钹也参与了学校的各类文化活动，诸如聆听作家韦君宜的"如何阅读小说"讲座，观看匈牙利独唱演员的演唱会等。

入学后，清华大学积极向上的校园生活氛围深深感染了张钹，激励着他在思想上不断追求进步。1954年年初，他向团支部递交了入团申请，并于同年4月28日顺利加入共青团。进入大学二年级后，同学们又推举张钹担任班长，他也非常负责任地投入这项工作中，热心为大家提供服务。他常常与团支部一起组织班级活动和团日活动。当时，大家的热情高涨，似乎有用不完的精力，对所有组织的活动都积极参与。假期和节假日，学校还组织学生们前往京郊参加麦收、摘棉花等劳动活动。如果是全班活动，大家都会参加。1955年夏天，张钹和团支部组织了一次京郊樱桃沟的野游活动，班级全体同学没有一人缺席。作为班长，张钹不仅关心班级事务，还积极帮助同学们减轻课业负担。他常与同学们讨论课堂内容，帮助大家改进学习上的不足。例如，他曾组织同学们访问系主任章名涛教授，与电工基础课老师唐统一交流学习方法。此外，他通过课代表与任课老师保持联系，帮助那些学习上有困难的同学。这些努力促进了同学与老师之间的良好关系，也为班级营造了浓厚的学习氛围。张钹还会将同学们的诉求以及期末考试成绩详细记录在笔记本上，密密麻麻的笔记成了他日常工作的见证。在大家的共同努力下，电83班被评为"先进集体"，这个荣誉榜也挂在图书馆大门对面的墙上，每次同学们经过时都感到无比自豪。1955年5月7日，张钹作为"三好积极分子"代表，参加了清华大学的"三好积极分子"代表大会，学校奖励的笔记本他至今仍然珍藏着。

1956年夏天，按照教学计划，张钹准备和同学们外出进行第一次生产实习。实习之前，电机及电器制造专业进一步划分为电机和电器两个方向，不同的方向对应不同的实习地点，因此学生需要选择专门化。张钹选择了电机方向，原本的三个班级也根据这两个方向重新分班，变成了四个班（电81—84班）。然而，期末考试结束后，事情发生了变化。在考试结束的那天，同学沈亚城神秘地告诉张钹，他被抽调到新设立的自动控制专业，而沈亚城和沈以鸿也被调到计算机专业，因此他们三人不需要进行实习，而是留下来补课。起初，大家有些困惑，但他们很快意识到，这一变动应与国家新出台的科学技术发展规划密切相关。1956年，国家发布了《1956—1967年科学技术发展远景规划》（简称《十二年科技规划》），其核心目标之一就是研制"两弹"（导弹和原子弹）。为此，清华大学决定增设一些新专业，包括自动控制、计算机、工程物理等，以培养相关领域的人才和师资力量。学校决定从电机系的二、三年级学生中抽调一部分优秀学生加入这些新专业。自动控制专业的学生从电机系三年级的10个班中每班选拔1名优秀学生，组成了自动控制"八字班"（即自8班）。张钹因此成为中国第一批从事自动控制专业的学生之一。能够加入这一新兴领域的培养队伍，张钹等同学感到无比兴奋。为了庆祝这一改变，他与室友沈以鸿和韦佩长一同前往颐和园，租了一条船，享受了一个愉快的上午。那天，天气晴朗，景色宜人，或许张钹未曾意识到，这次转专业的决定不仅改变了他的学术方向，更彻底改变了他的人生轨迹。

巧合的是，同年，美国达特茅斯学院首次提出了"人工智能"这一概念，标志着人类开始模拟智能行为的研究历程。自8班成立时就肩负着特殊的任务，班级的目标是培养未来的自动控制专业师资。因此，班上的同学们还参与了若干教学活动，教研组主任是钟士模教授，负责与学生们联系的是行政秘书徐继悌。之后，这10名同学的研究方向被进一步细分，张钹与王亚光的专业方向是飞行器自动控制系统，主要针对飞机与导弹；沈祖湘、陈同驹和李清泉的专业方向是原子反应堆的自动控制；其余5名同学专注于遥控与遥测。这些同学不但成绩优秀，而且全部是党员或团员，其中包括4名预备党员。张钹告别了与自己生活了三年的室友，搬到新宿舍，和李清泉、游鄂毓、贾耀国、蒋君章5人共住一个房间。在大三的暑假期间，自8班的同学与计算机专业的计7班同学（该专业大多来自上海交通大学，因为上海交通大学是4年学制，因此毕业时间是1957年，与张钹同级但早一年毕业）一同补习电子学等课程，为以后的专业学习做准备。

进入新专业后，张钹不仅体会到学习任务繁重，更深感自己肩负的责任。他全力投入新的学习任务中，努力迎接挑战。与飞行器自动控制系统相关的课程大多由北京航空学院（现北京航空航天大学）聘任的苏联专家教授。由于课程内容涉及军事应用，学生必须持有听课证才能上课，课后还需要将笔记本留下，不得带走。这些严格的规定给张钹的学习带来了不便，但也培养了他严于律己、保守国家机密的责任感和习惯。在专业学习方面，张钹对自己有着更高的要求，即比"清华大学做什么事情都追求完美"的口号更高一层，就是追求第一。虽然新班级的同学们都是原班级的尖子生，张钹仍然保持了领先的成绩，这也进一步增强了他的自信心，并让他对自己未来的发展有了更清晰的认识。尽管如此，张钹依然保持低调谦逊，在取得优异成绩的同时，与同学们保持良好的关系，并经常帮助他人。

可是，这段平静的日子并没有持续太久，随之而来的是一系列运动的冲击。在这些运动中，学生们需要写大字报、参加批判会。然而，由于自8班仅有10名同学，来自不同班级，大家彼此并不熟悉，难以找到共同的讨论话题，因此在1957年的整风运动中，自8班基本处于"旁观"状态。到"反右"运动时，组织上决定让班级成员回到原班级参与运动。幸运的是，张钹所在的电83班已经因为专业方向划分而解散重组，张钹因此未能回到原班级参加运动。随着运动的渐渐平息，张钹与同学们又很快重新投入学习和研究中。

那时，中苏关系正处于友好时期，学校也从苏联聘请了一批专家来帮助建设新专业。张钹所在的飞行器自动控制系统专业请来了苏联专家苏奇林,他专注于火炮控制系统,并为自8班的学生教授自动控制系统课程。除课堂理论学习外,张钹和王亚光还于1957年暑假与北京航空学院3系的毕业生一起,到宝鸡陀螺仪制造厂(也称宝成仪表厂)实习了一个月。1958年年初,张钹开始准备毕业设计,导师依旧是苏奇林,毕业设计的题目是《飞行模拟台设计》。该项目的目的是进行飞行模拟实验研究。当时苏联已拥有电子模拟计算机,用于自动驾驶仪的设计,技术相对先进。在苏奇林的指导下,张钹完成了飞行模拟平台的设计与研究,并以"5分"成绩顺利通过毕业答辩。在20世纪50年代,国内科技和设备相对落后的背景下,张钹从苏联专家那里学到了许多宝贵的知识与经验,这些不仅包括技术上的内容,还涵盖了他们严谨的科学精神和工作作风。

1958年夏天,张钹毕业时,班级推荐他和沈祖湘为毕业生优良奖状获得者。然而,名单送到系党支部负责人那里时,却以一句"自8班整风'反右'思想右倾"把张钹和沈祖湘刷了下来,最终自8班没有获得优秀毕业生的荣誉。按照原计划,张钹所在的自8班的10名同学应全部留校任教,结果只有张钹、王亚光和李清泉三人留了下来。由于他们早已被安排留校,张钹毕业后并没有选择在暑假休息，而是直接进入实验室工作，随即从学生身份转变为教师。因为家庭经济条件有限，加上福建离北京较远，所以张钹在五年的大学生活中没有回过一次家。只有 1953 年刚到北京时，恰逢大哥张铙从北京铁道学院毕业（1950 年，张铙被上海交通大学铁道运输专业录取后，由于 1952 年全国院系调整，上海交通大学铁道运输专业调整到北京铁道学院，张铙也随专业转入北京铁道学院学习），即将赴兰州铁道设计院工作，两人在北京曾有过短暂的会面。家乡的母亲虽然思念儿子，但也鼓励他在外安心学习，增长见识。张钹没有辜负家人的期望，以优异的成绩毕业，并以教师身份开始了在清华大学的职业生涯。

五年的本科教育为张钹打下了坚实的知识与技能基础。虽然他是工科生，但除动手能力强外，他的理论水平也不低。在实习期间，他学习了钳工、车工、铸造、焊接等技术，这些积累为他未来的职业生涯提供了宝贵的经验。不仅如此，五年的大学生活还让张钹学到了许多做人的道理。学校的信任鼓舞了他，同学们的关心也帮助他迅速适应了新的环境。五年的时间，张钹从一名普通学生成长为坚定要为祖国科技事业贡献力量的大学教师，准备迈向人生的新阶段。

兢兢业业

1958 年，清华大学自动控制系正式成立，起初包括运筹学在内共三个专业。建系后不久，自动控制系根据实际需要进行了专业调整，取消了运筹学专业，全系分为自动控制和计算机两个专业。同年暑假结束后，张钹成为自动控制系的一名助教。该系是以原电机系的自动学与远动学和运筹学两个教研组为基础发展而来的，系主任为钟士模教授。新成立的自动控制系下设五个专门化方向，分别为飞行自动控制系统（代号 501）、工业自动控制系统（代号 503）、计算机（代号 505）、原子反应堆自动控制系统（代号 507）和元件（代号 502）。针对五个专门化方向，系内建立了五个相应的教研组，代号分别为 510、530、550、570 和 520。由于自动控制领域涉及诸多机密信息，为保密起见，各专门化及教研组均采用代号标识。作为清华大学自动控制系的首届毕业生，张钹也成为我国第一批由本土培养的自动控制系教师，并在毕业后加入510 教研组。该组由章燕申副教授担任主任，他毕业于清华大学机械系，后赴苏联攻读副博士学位，主要研究陀螺导航。此外，教研组中还有部分教师来自东北工学院（今东北大学），这是缘于东北地区曾受到苏联的技术支持，培养了一批自动化领域的师资力量。

自动控制系的教学与研究主要集中在中央主楼西主

楼四层，整个西主楼被清晰地划分为四个区，并设有严格的出入管理制度。由于涉及高度机密的研究工作，进入四层需凭证件通行，其中510教研组的保密级别最高，办公地点设在一区。一区与二区之间有一处露天阳台，进入一区还需通过第二道岗哨，该岗一度由复员军人把守，确保安全管理万无一失。暑假期间，张钹从学生宿舍搬入五公寓，这是一栋三层楼的青年教师公寓，自动控制系的教师主要居住在二楼。每个房间住三至四人，每层设有公用的盥洗室与厕所。教师们大多年轻，充满了干劲，白天工作，晚上学习，房间的灯光常常亮至深夜。日常三餐主要在公寓食堂解决，食堂供应甲、乙、丙三类菜品，其中最贵的甲菜（荤菜）售价三毛钱，因此购买者寥寥，大多数人选择一两毛钱的乙菜或丙菜。彼时，年轻教师的月工资仅五六十元，大家普遍生活节俭。对于当时的年轻人而言，最大的愿望便是购置"两大件"——手表和自行车。张钹也有同样的愿望，但不是为了炫耀和赶时髦，而是为了保证准时上课及参与各类活动，所以他的首要目标是购买一块手表。然而，在物资匮乏的年代，手表并不容易买到。1959年，为庆祝中华人民共和国成立十周年，国家从苏联进口了一批手表，每块售价80元，需凭票购买。张钹用两个月的工资购得一块，并由此养成了严格守时的习惯。自行车同样是紧俏物资，也需凭票购买。1960年，他终于分到一张"购车证"，购买了一辆上海生产的"永久牌"自行车。不过，取车的过程倒是有些小曲折。由于当时经济困难，原材料短缺，新车质量欠佳，张钹领车时发现其轮胎装配不当，不用说骑行，连推行都做不到，最终只好从五道口扛回宿舍。尽管如此，拥有"两大件"后，他在工作和生活中都更加从容了。

1958年正值"大跃进"高潮，学校将一项高难度任务交给510教研组。然而，由于任务过于庞大且技术难度较高，最终未能取得实质性进展。张钹未被安排参与该项目，而是继续从事飞行模拟台的研制及飞行控制系统的仿真模拟实验。1957年，钟士模教授和钱学森一起随中国代表团访问苏联，在参观实验室时，首次见到飞行模拟台，意识到该设备对我国航空航天事业的重要性。不过，由于参观时间有限，钟教授并未能详尽了解设备结构。回到清华大学后，他向林尧瑞等教师布置任务，仅用一句话描述设备特点："像摇篮一样摇来晃去。"尽管描述抽象，但林尧瑞等人凭借专业知识领悟了其中的关键原理。在林尧瑞老师的带领下，经过团队的不懈努力，1959年年底，清华大学成功研制出我国第一台三自由度飞行模拟台实验样机。随后，第三机械工业部第四十研究所（简称40所）在此基础上制造出我国最早的实用飞行模拟台。该设备用于模拟飞行器的角运动，对飞机稳定飞行、导弹及鱼雷的精准射击具有重要意义。之后，张钹带领部分毕业生，利用三自由度模拟台、苏制 ЕПТ–5 模拟计算机及米格飞机参数，完成了飞机控制系统的仿真模拟实验。这些研究也与40所合作完成，在技术应用上具有一定价值，为我国相关领域的发展作出了贡献。

作为教师，1959 年 2 月，张钹开始为自 9 班（1959届）及自 0 班（1960—1961 届，后因改为六年制又称自 1 班）讲授飞行器自动控制系统课程。这是他正式工作的第一项教学任务。不过，由于他刚毕业，听课的学生仅比他低一至两个年级，知识储备相差不大，因此他感受到了极大的压力。更重要的是，此课程在国内尚无先例，所有教学内容均需自行整理编写。张钹认为，只有当教师的知识储备远超学生时，才能真正讲好一门课。因此，他下功夫广泛收集资料，并充分利用学生时代在北京航空学院听苏联专家授课的内容。当时，北京航空学院聘请了多位专门从事飞机控制和火炮控制研究的苏联专家，张钹从中汲取了大量专业知识。飞行器自动控制系统课程本为概论课，涉及很多飞行动力学方程，内容较枯燥。张铱通过精心备课，使授课深入浅出，通俗易懂，深受学生欢迎。这也与他在中学及大学时期积极参与扫盲活动的经历密不可分。通过接触不同文化背景的学习者，尤其是基础较弱的群体，他积累了丰富的教学经验，逐渐掌握了更高效的知识传授方式。为了提高学生的实践能力，张铱所在教研组克服困难，在西主楼一区四层建立了自动驾驶仪实验室，实验设备主要为苏联 АП–5 自动驾驶仪的舵机，学生可在此接触较为先进的教学仪器。此外，他还曾带领学生赴甘肃兰州的 242 厂（新兰仪表厂）实习。由于教学效果良好，该课程后来被设为飞行自动控制系统方向的必修课，并持续讲授至 1965 届（自5 班），得到了学生们的一致好评，一直到"文化大革命"时期才中断。在教学过程中，张铱不断更新课程内容，确保学生学习到最新知识。此外，他还指导多个班级的毕业设计，与学生关系融洽，广受好评。他的出色工作也多次受到表彰，获得系级及校级"先进工作者"称号等荣誉。

在工作中，张铱勤勉进取，在政治思想上也成长迅速。大学时期是他政治观念逐渐成熟的重要阶段。入学前，尽管家庭成分已被划为小土地出租，属于劳动人民阶层，且父亲作为"龙高暴动"的总指挥，对革命事业作出过贡献，但他曾担任过国民政府县长的经历，仍使张钹和兄弟姐妹背负了一定的"历史包袱"。进入清华大学后，张钹时常感到在政治上自己无法像那些"根正苗红"的同学那样挺直腰杆。然而，电83班班风严谨，同学们专注学业，政治辅导员陈圣信和徐伯雄平易近人，始终坚持实事求是的态度，使张钹逐渐感受到组织的温暖。1955年，"肃反"运动开始，学校对学生的家庭背景和社会关系进行了深入调查。张钹的材料与调查结果完全一致，历史背景清晰无误。因此，1955年下半年，政治辅导员与他谈话，肯定了他在学业上的优异表现及全面发展的特质，并认为他符合入党条件，将其列为"入党积极分子"进行培养。可随后的"整风""反右"等运动又使张钹陷入思考。他深知自己尚未经历真正的生死考验，能经得住这样严酷的政治考验吗？尽管家庭背景已被组织认可，但当时的政治环境仍让他感到心理压力。经过反复斟酌，他对入党一事持谨慎态度，积极性有所下降。虽然如此，清华大学始终对张钹寄予厚望。1956年，他从电机电器专业转入自动控制专业，足见学校对他的信任。飞行器自动控制在当时属于高度保密的领域，能被选入该方向，张钹深感责任重大，也对清华大学实事求是的作风更加钦佩。这一经历促使他打消顾虑，思想上发生了根本转变。1960 年，随着党的政策调整，知识分子的地位和作用得到重新肯定，张钹的政治信念愈发坚定。同年 2 月 25 日，经清华大学党委批准，他正式加入中国共产党，并于一年后转为正式党员。从此，他以共产党员的标准严格要求自己，鞭策自己不断前进。

为了加强教师队伍建设，1960 年组织上曾计划派张钹赴苏联进修，但因中苏关系恶化，该计划未能实现。1963 年，清华大学决定依靠自身力量培养骨干教师，自动控制系选拔了一批青年教师，以在职研究生的方式进行培养，其中包括张钹、王尔乾、岳震五和胡道元等人。此时，张钹已担任 510 教研组副主任，负责自动控制方向。然而，这一培养计划又因"文化大革命"爆发而中断。1965 年，第七机械工业部向中央申请，要求清华大学派遣骨干教师支援其工作，张钹又被选中，但最终也因"文化大革命"运动的影响未能成行。同年，清华大学组织教师职称评审，张钹顺利通过，晋升为讲师。

1961 年 7 月，张钹与弟弟张铃相约回家探亲。两人年龄相近，感情深厚。张铃 1955 年被保送至南京航空学院，尽管他更倾向于学习理科，并曾致信北京大学校长周培源，希望能进入北京大学物理系深造，但最终未能如愿。1956 年，南京航空学院领导认可张铃的才华，推荐他前往南京大学数学天文系学习，条件是毕业后需回母校任教。张铃在南京大学的表现优异，曾获评"全校三好积极分子"。然而，"反右"运动的爆发，使一向敢于发表观点的张铃被扣上了"右派"的帽子，他毕业后也因为"右派"没能留在南京航空学院，而被分配至安徽皖南大学任教。尽管环境艰苦，他仍得以继续从事教育事业。张钺非常爱惜弟弟的才华，时常鼓励张铃，并与他相约回家，以便增进交流。时隔八年，张钺终于踏上归途，与久别的家人团聚。1958 年，鹰厦铁路通车，从北京回福州比他刚上大学时方便许多，仅需 36 小时即可抵达。当时火车条件简陋，没有空调，旅途仍然颇为辛苦。冬季车厢密闭，空气沉闷；夏季高温难耐，令人窒息。抵达福州后，张钺的姐姐张琇和弟弟张锻前来接站。看到弟弟已从昔日的少年成长为大学生，张钺感慨万千，而他自己也不禁回望，八年间，他也已从青涩的高中毕业生成长为成熟的大学教师。张钺和张铃的到来让母亲十分欣喜，她忙前忙后，一家人度过了一个温馨愉快的夏天。1963 年 1 月，张钺与张铙、张铃再次相约回家，与母亲、大姐、五姐及弟弟张锻在福州团聚。

自 1948 年大姐张玖出嫁离开龙田，十五年后，这个曾经分散的家庭终于在福州实现了久违的团圆。

随着学校的工作逐步稳定，张钹开始考虑个人生活问题。1963 年，他结识了清华大学水利系的研究生李幼龄，两人相知相恋。李幼龄原定于 1964 年毕业，但因"四清"运动的影响，毕业时间推迟至 1966 年。由于学校规定学生未毕业不得结婚，张钹一直等到李幼龄完成学业后，二人才在 1966 年 10 月结为夫妻。相似的教育背景使他们能够相互理解、彼此扶持，家庭生活和睦融洽。1967 年 12 月，长子张淮出生，采用了与水有关的字作为下一代子女的名字，取"金生水"之意。1971年 6 月，女儿张浬出生，后因"浬"字较为罕见，改名为"理"。李幼龄毕业后被分配到位于六铺炕的北京水电设计院工作。婚后初期，夫妻二人住在六铺炕的临时住房。为了更方便照顾孩子，他们后来搬至清华大学教师宿舍。同时，李幼龄也调入清华大学水利系工作。据张钹回忆，当时两人虽在同一学校工作，但每天三个单元，上下午要教课、做科研，晚上有时还会加班，而且水利专业还需要下工地，工作强度更大。因此，两个孩子在入托之前都是全托在别人家，周末或节假日才去看望。后来，孩子进入清华大学托儿所，该托儿所采用全托模式，每周六晚接回家，周日送回。由于工作繁忙，张铋夫妇未能投入太多精力照顾子女，所幸清华大学的环境良好，孩子们健康成长。回忆起这段时光，张铋常感遗憾，认为自己陪伴和教育孩子的时间太少。

1965年暑假，张铋响应党的号召，赴农村参加"四清"运动。他被派往北京郊区怀柔县（今怀柔区）宝山寺公社，担任养鱼池大队"四清"工作队队长，队员包括清华大学的滕云鹤、北京化工学校的崔福元以及部分清华大学、北京大学的学生。该地区曾属晋察冀边区，1949年以前长期处于战乱之中，经济受损严重，百姓生活困苦。尽管中华人民共和国成立多年，由于地处偏远山区，交通不便，贫困状况依旧严峻。当地粮食产量低，村民难以果腹，衣物主要依赖政府救济。每年冬天，政府发放棉衣棉裤，夏天再将棉花取出制成单衣，一年仅靠这一套衣物度日。在艰苦的环境下，张铋一方面与贫下中农"同吃、同住、同劳动"，另一方面带领队员开展"四清"工作。他患有严重胃病，但仍坚持工作。他与崔福元寄宿在一位老农家中，睡在铺着席子的硬土炕上。三餐轮流在贫下中农家中吃"派饭"，食物主要是高粱、玉米制成的贴饼，偶尔掺杂榆树叶，几乎没有蔬菜，更无荤菜。每人每日交1斤全国粮票和3.5

角钱作为饭费，虽然金额不大，但对当地人而言十分珍贵，可用来购买细粮。工作队生活标准很低，但劳动强度极大，不过队员都能吃苦耐劳，获得"四清"工作团及当地干部、村民的认可。工作队结束时，村民们自发为他们送行。

1966 年 6 月，"四清"运动接近尾声时，"文化大革命"爆发，工作队仓促撤回，张钹也不得不回校参加运动。然而，运动的发展远超预期，教师群体受到冲击。张钹选择保持低调，但无所事事的状态令他焦虑不安。他深思："先天条件决定一个人能达到的高度，但努力程度同样关键。若不加倍努力，即便天赋优越，也难以取得成就。反之，即便先天条件有限，付出足够努力，仍可突破自我。"他意识到，浪费时间意味着错失机会，同时也会使自己的学术能力下降、思维僵化，而这些损失无法弥补。为保持学术思维的敏锐，他主动联系科研和生产单位，寻求可参与的工作。他首先找到洛阳空空导弹研究所（又称 612 所），得知研究所因运动影响，科研和生产工作停滞，便主动承担机电控制系统研制任务，与技术员们一同工作。随后，他与研究人员前往旅顺军港，与海军战士一起下潜艇体验生活。之后，他又前往邯郸国营汉光机械厂（又称 368 厂），与技术人员共同研究技术方案。这段时间，他不仅完成了多项研究任务，也结识了许多技术员和工人，并保持联系至改革开放后。1968 年 7 月 27 日，工人毛泽东思想宣传队（简称工宣队）进驻清华大学。随着局势逐渐稳定，学校号召师生复课。人虽然回来了，但许多人仍沉浸在"闹革命"氛围中，难以集中精力恢复教学。工宣队只好组织师生学习毛主席语录，每天三个单元、每周七天。最初，大家认真背诵，继而学习"老三篇"，但随着内容背熟，学习渐成形式，缺乏实质意义。教师们无事可做，只能从事一些杂务。面对时间的流逝，张钹决定充分利用这一阶段学习马克思列宁主义经典著作。他研读了《关于费尔巴哈的提纲》《剩余价值理论》《自然辩证法》等书籍，深入钻研哲学问题，对"人生意义"展开思考。后来授课时，听课师生普遍认为他的观点深刻、富有哲理，这正得益于那段时间的沉淀与思考。

1969 年暑假，工宣队组织教改小分队前往工厂开展"开门办学"。张钹与黄昌宁、唐泽圣、许万雍、刘仲仁 4 位教师，以及杨春武、林福宗、陈玉健、蔡莲红、何积贵 5 位红卫兵小将（自 0 班学生，1970 届，当时称为"新工人"），共 10 人，被派往北京电子管厂（又称 774 厂）参与实践。他们白天在工厂工作，晚上则住在工厂对面的大山子中学的两间教室里，日常三餐均在工厂食堂，与工人"同吃、同住、同劳动"。张钹始终保持积极的态度，全身心投入这项工作中。他常说："无论做什么事，如果只是敷衍了事，那就是在浪费时间。如果你只能做这件事，只要认真对待，总会有所收获。"北京电子管厂是一家拥有千余名员工的大型企业，主要生产各种型号的电子管，并正在研发晶体管及相关电子设备。每位教师和"新工人"都被分配到不同的车间，并由一名工人师傅负责指导，实行"一帮一、一对红"的制度。张钹被安排到维修车间，与工人寇志彬结成搭档。他积极融入工人群体，不论是技术活还是体力活都全力以赴。

在教师们进厂之前，工宣队曾向工人们强调："这些老师是来接受再教育的，不仅思想需要改造，业务能力也需要提升，因为他们'理论脱离实际'，只会说不会干。"然而，张钹用实际行动改变了这种刻板印象。维修车间负责全厂电子设备的维护，工人们大多具有初中或中专文化水平，由于设备不断更新，他们迫切希望学习新知识。了解到这一情况后，张钹在参与生产、设备维护和技术研发的同时，主动开设了晶体管电路课程，为工人授课。他的讲解生动形象，通俗易懂，很受欢迎，不久就与工人们建立了深厚的友谊，除了寇志彬，他还结识了刘喜川等人。因为张钹为工厂的生产和技术进步作出了突出贡献，所以工人们对他十分敬重，一年后"开门办学"任务结束，小分队即将撤回时，北京电子管厂专门派工人代表到清华大学，与工宣队协商，希望张钹继续留任，理由是他的工作对工厂的生产和研发不可或缺。面对工厂的请求，清华大学也不好拒绝，因此张钹又继续在北京电子管厂工作了两年。回顾这段经历，张钹并不认为这段时间完全耽误了科研，相反，他认为自己锻炼了发现问题和解决问题的能力。工厂设备常常出现故障，需要快速判断并修复，而许多经验丰富的工人面对复杂问题时仍会感到困惑，每当这时，张钹都能准确找出症结所在。这正是因为他具备扎实的专业知识，能够迅速分析设备的工作原理，从而精准判断故障来源。许多人后来评价张钹"看问题准，能一针见血"，而张钹自己则认为，这种能力与他在电子管厂的实践密不可分。此外，在与工人们的日常相处中，他锻炼了人际交往和团队协作能力，这种经验在他后来的职业生涯中发挥了重要作用，即使成为院士后，他依然平易近人，善于沟通与合作。

在电子管厂工作的三年时间，虽然白天忙于工厂事务，但张钹仍利用夜晚的时间开展科研。当时，工厂正致力于晶体管的研制和生产，他决定研究电路板布线问题，并想到了自己在数学方面极具天赋的弟弟张铃。实际上，张钹一直在鼓励张铃，即便在他因"反右"运动遭受挫折后，张钹仍希望弟弟坚持学习，并通过自己的方式给予其帮助。1961—1966 年，每逢暑假，两兄弟都会相约前往上海图书馆查阅资料。由于当时无法复印，他们便将有价值的内容手抄下来，回去后反复研读和思考，这种方法被他们称为"反刍"。这段经历也促使他们萌生了合作研究的想法。在"文化大革命"期间，张铃被划为"右派"，被迫下乡劳动，失去了从事研究的机会。他曾写信给张钹表示，如果有研究课题可以让他参与思考，他愿意贡献自己的力量。张钹一直记挂着弟弟的愿望，这次恰逢电子管厂的电路板布线问题涉及数学原理，他立刻写信给张铃，邀请他共同研究。张铃收到信后，很快回信表示已有解决方案。原来，这个问题涉及的是判别一个给定网络是否可以在平面上实现，理论上早已解决。1935 年，波兰数学家库拉托夫斯基（Kuratowski）给出判别平面网络的充分必要条件，就是画在平面上的网络，各条支路除端点外，不与其他支路相交。因此，兄弟二人只需设计具体的布线方法即可。经过努力，张铋很快提出了可行的布线方案，为工厂的生产提供了重要的技术支持。这段经历不仅让张铋在科研上有所突破，也让他更加坚定了自己的学术道路，并开启了兄弟间的深厚合作之旅。

1970年，清华大学自动控制系更名为电子工程系，同时将自动控制系的相关专业与数学力学系的计算机数学专业合并。1972年年初，电子工程系决定研制一台小型质谱仪，作为当年的国庆献礼。然而，由于调试工作迟迟未能成功，系里的老师建议将张铋调回，以协助解决技术难题。因此，学校以协助研制质谱仪为由，正式调回张铋。他全身心投入调试工作，并成功赶在国庆节前完成任务，使仪器顺利运行。至此，北京电子管厂的三年工厂生涯告一段落。这段经历不仅锻炼了张铋的实践能力，也让北京电子管厂成为他在特殊时期的"避风港"，使他幸运地避开了学校内部的一系列运动。通过在工厂的工作，他深刻认识到，社会各界都需要知识分子，读书并非无用。踏实肯干、具备专业知识的知识分子，始终受到工人和农民的尊重。他的敬业精神与技术能力得到了工厂和清华大学的一致认可。

1973年2月9日，《人民日报》刊登了一篇题为《在人民教师的岗位上》的文章，报道了当时我国教育界一批深受群众欢迎的优秀教师。文章写道，这些教师"忠诚党的教育事业，在人民教师的岗位上努力奋斗，努力工作。"其中提到，清华大学电子工程系教师张钹在辅导工农兵学员学习时，始终将思想教育贯穿教学过程，深受学生好评。文章还配发了一张张钹辅导工农兵学员的照片。当时在清华大学工作的张钹并不知晓这篇报道。一次，他去储蓄所取款时，工作人员正在阅读《人民日报》，看到报道后，指着照片对他说："这不是你吗？"张钹一向低调，对这件事没有对外张扬，因此清华大学内部知道此事的人并不多。但是，消息很快传到了张钹的家乡，也让他的母亲感到由衷的欣慰。正如《人民日报》报道的那样，张钹在教授工农兵学员的工作上确实表现出色。"文化大革命"期间，由于高考制度被取消，1970年清华大学重新招生，采取群众推荐、领导审批和学校复审相结合的方式。被录取的学员多为政治素质过硬、身体健康、文化水平相当于初中以上的工人、贫下中农、解放军战士和青年干部，他们被统称为工农兵学员。相比"文化大革命"前通过高考选拔的学生，这批学员在学习能力上存在一定差距。面对这样的情况，张钹始终保持严谨负责的态度，用心培养学生，与他们建立了融洽的师生关系。2003年，工农兵学员毕业 30 周年之际，控 0 班（1970 年入学，1973 年毕业）的二十余名校友回到清华大学信息科学技术大楼（简称 FIT 楼），专程到张钹的办公室看望他，交流各自的工作经历，并共同回忆当年的学习时光。正是因为张钹能够换位思考，从学员的角度出发进行教学，他才赢得了学生们的尊敬，也因此受到媒体的报道。

从北京电子管厂回到清华大学后，张钹不仅投身教学，还曾带领教师小分队前往邯郸国营汉光机械厂工作，并编写教材。随后，他又多次带工农兵学员前往呼和浩特电子设备厂实习。在整个"文化大革命"期间，张钹的足迹遍布各地，他始终珍惜宝贵的时间，努力在教学与科研的实践中取得更多成果。尽管事务繁忙，张钹仍与弟弟张铃保持合作，不断深化学术探索。当时的环境不允许发表个人研究成果，在清华大学吴麒老师的帮助下，两人以"科研小组"的名义，于 1973 年在《清华大学学报》上发表了在北京电子管厂完成的研究成果，题为《自动布线方法》。张钹回忆道："这样的发表不会给我们带来任何名利，而我们当时也没想过追求名利。我们做这项研究，既是一种责任感，也是一种本能。既然我们花了那么多时间学习，就应该尽力做些贡献。"这是张钹和张铃兄弟二人第一次真正意义上的科研合作，他们深刻体会到跨学科合作、各取所长的价值。同时，他们也意识到，要想更好地合作，必须熟悉对方的专业领域和术语。为此，张钹向张铃提供了《自动调整原理》《晶体管电路》和《数字线路》等书籍，而张钹自己也在张铃的建议下，学习了《实变函数》和《点集拓扑》等数学理论。当时的他们并未料到，正是这段时间的积累和坚持，使他们打下了坚实的学术基础，并在未来形成优势互补，以致能长期合作探索人工智能领域。多年后，张钹回忆起这段时光，感慨地对弟弟张铃说："还好我们过去没有把时间荒废，如果荒废了，现在想补都补不回来了。"

1976年，"文化大革命"结束，中国正处在社会变革的十字路口，而张钹也面临着人生的重要抉择。十年的动荡岁月让他步入不惑之年，是否继续坚持自己的研究方向仍有待决断。同时，清华大学也在转型改革的关键时期，未来走向尚不明朗。在这样的背景下，张钹开始思考如何更好地发挥自身的专业优势，为国家科技发展贡献力量。

美国访学

1978年，时代的浪潮再次推动着清华大学的学科调整。此前，张钹所在的510教研组由自动控制系调整为电子工程系，研究方向仍以飞行器自动控制为主。然而，随着科技的快速发展，国家对计算机技术的需求日益迫切。为了顺应这一趋势，清华大学决定对部分院系进行调整，将电子工程系更名为计算机技术和工程系（后更名为计算机科学与技术系）。这一变动对510教研组影响深远。新成立的计算机系在教学与科研上明显不再适合继续涵盖飞行器自动控制领域，因此教研组的成员们不得不重新考虑自己的去向。同样面临抉择的还有530教研组和570教研组。530教研组主要研究自动控制理论，而570教研组的研究方向是原子能反应堆的自动控制。这三个教研组加起来共有50多名教师，面对新的学科布局，大家都需要找到合适的位置。对此，清华大学采取了较为民主的方式，主要尊重教师的个人意愿，可以自由选择。当时，可供教师们选择的去向主要有四个：第一，专攻陀螺导航教学与科研的教师可以转入精密仪器系，继续在更适合这一领域的平台上深耕。第二，1979年学校将成立新的自动化系，并计划设立控制理论教研组，致力于加强自动化学科的理论基础，部分教师可以选择加入这一新系。第三，教师们可以留在计算机系，并选择加入已有的教研组。最终，大约20名教师选择了上述三条路径。然而，仍有30多名教师未作出决定。这些人虽然来自不同教研组，但长期共事，彼此熟悉，团队内部已形成了很好的默契。相比于前往陌生的院系，他们更倾向于继续作为一个整体，共同探索新的研究方向。于是，经过讨论，这批教师决定留在计算机系，并成立一个新的教研组，以集体的力量开拓新的学术领域，这就是第四个选择。作为510教研组的副主任，张钹也面临抉择。凭借扎实的学术功底和丰富的科研经验，他曾收到多个教研组的邀请，希望他能加入他们的团队。然而，经过反复思考，张钹还是决定与这30多名教师一同留下，投身到未知的领域之中。

选择留下，意味着必须确定一个新的研究方向。由于自动化系的成立，清华大学的自动控制研究已被重新规划，计算机系不可能再设立相同的专业。这也意味着，张钹必须彻底放弃自己研究了20多年的自动控制专业，转向全新的领域。这一决定引起了一些质疑。许多同事不解地问："你在自动控制领域工作了20多年，已经取得了不少成绩，为什么还要冒险涉足陌生领域？"但张钹的思考更加长远，他认为事业的发展必须紧跟时代步伐，个人的学术道路也应随着社会需求的变化而调整。计算机科技正在迅猛发展，他意识到，如果固守原有的专业，可能会逐渐被时代淘汰，而顺势而为，则可能在新领域开辟一番新的天地。在这一思考的指引下，张钹与团队其他成员开始为新教研组寻找合适的研究方向。然而，当时"文化大革命"刚刚结束，国内学术界与国际前沿研究长期脱节，大家对计算机科学的发展现状知之甚少，确定研究方向的难度可想而知。

在这批教师中，530 教研组的张毓凯资历最深，成为团队的牵头人。核心成员包括张钹、林尧瑞、石纯一、黄昌宁等，大家一致认为应当寻找一个既新颖又具有前景的研究方向。张毓凯找到张钹，希望他能承担这一重任，为整个团队规划未来的学术道路。之所以将这一任务交给张钹，除了他的科研水平出众，还有一个重要原因——他能阅读英文资料。张毓凯早年主要学习俄文，曾在苏联科学院进修两年，林尧瑞等人也主要以俄语为主。张钹与黄昌宁在中学阶段曾接受过英文教育，能够查阅国外的最新学术论文。在那个英语国家的科技实力领先全球的时代，掌握英语无疑成为获取国际前沿信息的重要途径。张钹承担起这一重任，他从有限的英文资料中搜索信息，希望找到适合教研组研究的方向。终于，在密密麻麻的英文单词中，他注意到一个看似关注度较高且新颖的概念——"artificial intelligence，AI"（人工智能）。关于人工智能的具体研究内容，张钹当时还知之甚少，但他通过进一步查阅发现，国际上的许多著名高校已经开始在计算机系内设立人工智能研究领域。这个方向在国内尚属空白，正是一个值得深耕的全新领域。经过与团队成员的反复讨论，大家最终决定，将人工智能作为新教研组的研究方向。对于这一选择，张钹充满信心。他深知，虽然自己过去的研究主要聚焦于自动控制，但这一领域在进入 20 世纪 70 年代后，发展趋于瓶颈。人工智能作为一门新兴学科，潜力巨大，充满未知的可能性。张钹相信，这不仅是一个挑战，更是一个施展才华的机会。就这样，张钹和他的团队毅然踏上了一条全新的学术道路，开始探索人工智能的世界。从自动控制到人工智能，张钹的职业生涯迎来了新的转折，而这也成为他未来数十年科研旅程的重要起点。

在确定研究方向后，张钹等教师决定将新成立的教研组命名为"人工智能与智能控制"，并由张毓凯担任主任。这个名称的确定并非一蹴而就，而是经过多次讨论和权衡后才最终决定的。当时，人工智能的具体研究内容对他们而言仍较为模糊，但大家都愿意投身探索这一全新领域。同时，团队中部分教师希望能够继续沿用自己在自动控制领域的研究积累，并不想完全舍弃过去的方向。为团结更多教师共同推进新研究，团队决定在"人工智能"之后增加"智能控制"这条"尾巴"，使原本从事自动控制研究的教师也能融入新的教研组。这样一来，原本的 30 多名教师得以全部保留在团队中。回顾这一决定，它不但正确而且恰逢其时。在这面旗帜下，30 多位教师齐心协力，推动"人工智能与智能控制"这一新兴领域在清华园内落地生根，并使清华大学成为国内最早发展该领域的高校之一。自成立以来，清华大学在该方向一直保持着国内领先地位，在人工智能教学和科研方面作出了重要贡献。不过，这一决定也带来了不小的挑战。20 世纪 70 年代末，人工智能在国际上尚属新兴学科，许多问题仍存在争议，甚至有人对其发展前景持怀疑态度。在中国这一历史转折期，如何结合国情开展相关的教学和科研工作，成为摆在张钹等教师面前的现实难题。面对这些挑战，教研组教师广泛查阅国内外资料，努力积累相关知识，同时国家和学校的政策也给予了大力支持。

1978 年 6 月，国家开始选派高校优秀骨干教师出国进修，旨在让他们学成归来后助力国内学科建设。作为国内顶尖高校，清华大学得到了大量的出国机会。为了解国外人工智能的发展情况，推动新专业建设，教研组决定派张钹和青年教师孙增圻参加 1978 年暑假的外语考试，为出国进修做准备。同年，张钹被选为第一批出国访学教师，前往美国学习，而孙增圻则被派往瑞典深造，并在取得博士学位后回国工作。由于当时国内与外界交流有限，张钹此前未曾与国外学者建立联系，因此访学学校的选择主要依靠院系推荐和资深教师的介绍。经过了解，有两所学校进入了张钹的候选名单：普渡大学和伊利诺伊大学厄巴纳－香槟分校。这两所高校在计算机领域均处于美国前列，学科排名长期稳居前五。其中，伊利诺伊大学厄巴纳－香槟分校在人工智能领域发展较为成熟，涵盖专家系统、机器人、机器学习和自然语言处理四个方向。因此，张钹最终选择前往该校进行访学。

按照计划，1978 年下半年，清华大学组织即将出国的教师集中学习英语，由陈慕胜老师授课，并于 1978 年 12 月派出第一批教师。然而，张钹因胃出血住院，未能随首批教师出国。待身体康复后，他于 1980 年 2 月作为访问学者前往美国伊利诺伊大学厄巴纳－香槟分校，开启了为期两年的进修学习。在伊利诺伊大学厄巴纳－香槟分校，张钹的合作教授是钱天闻，当时担任该校 CSL 实验室主任。由于国内与国外学界的直接联系较少，许多中国高校学者更倾向于选择华裔教授作为访学导师，以便更顺利地对接国际先进研究。当时，在信息技术领域最负盛名的三位华裔教授分别是傅京孙、钱天闻和黄煦涛。傅京孙是普渡大学教授，被誉为模式识别领域的重要奠基人；钱天闻原本专攻通信，后转向人工智能，主要研究专家系统与机器人；黄煦涛曾在普渡大学任教，后加入伊利诺伊大学厄巴纳－香槟分校，成为 Beckman 研究院图像实验室主任，研究方向涵盖模式识别与计算机视觉。这三位学者均毕业于台湾大学，后赴美深造并在学界取得卓越成就。张钹最终选择在钱天闻教授的指导下进行研究，这一决定不仅符合他的学术兴趣，也使他得以迅速接触人工智能领域的国际前沿研究，日后证明，这段访学的确对推动国内该学科的发展起到了举足轻重的作用。

CSL 实验室的名称虽然看起来与计算机科学（Computer Science）相关，但其全称实际上是 Coordinated Science Laboratory，即综合科学实验室。该实验室的研究方向涵盖计算机科学与工程，同时涉及通信和人工智能领域，因此采用了这一名称。不过，在外界看来，CSL 实验室仍常常被认为是计算机科学实验室。20 世纪 80 年代初，伊利诺伊大学厄巴纳－香槟分校迎来了第一批中国访问学者，其中 CSL 实验室共有两位：张钹和复旦大学的罗振东。在当时的校园里，这一现象十分新鲜，引起了广泛关注。这些访问学者大多已步入中年，张钹赴美时已45岁，且他们的英语水平普遍有限，也没有在国际期刊上发表过论文。因此，在伊利诺伊大学厄巴纳－香槟分校的学术圈内，他们的能力一度受到质疑。回忆起初到美国时的经历，张钹仍有些许感慨。在 CSL 实验室，他经常与博士生潘永昭交流。这位台湾大学毕业的学生起初对大陆来的访问学者态度冷淡，其自带优越感，认为大陆学者难以在美国的学术环境中立足。这种态度深深触动了张钹的自尊，他下定决心要用实力证明自己。随着相处时间的增加，两人逐渐熟络起来，张钹曾半开玩笑地对潘永昭说："台湾大学的学生再优秀，不过是一个省里最好的，而我们清华大学选的是全国最优秀的，比得了吗?"确实，尽管成长环境不同，时代变迁带来的影响也不可忽视，但清华大学培养的人才并不逊色于世界任何一所名校的学生，这在日后也得到了验证。随着时间的推移，更多中国访问学者来到 CSL 实验室，他们都希望借此机会学习国外先进理论，为祖国的科技发展贡献力量。

在当时的美国，访问学者的生活和研究条件都极为艰苦。长途电话尚未普及，且费用昂贵。CSL 实验室的长途电话设在主任办公室内，其他可拨打长途的电话也受到严格管理，中国学者几乎无法使用。还有其他办公设备的使用也都对他们限制颇多。最初，他们还能自由使用复印机，但由于使用频率过高，学校后来设定了复印额度，每次使用都需要登记。前期，国家对访问学者的生活费采取实报实销的方式。为了节省开支，张钹选择暂住在朋友家的客厅，仅用 20 美元买了一个床垫，甚至连书桌都没有。后来，国家改为定额补助，每月 400 美元。虽然在美国算是低标准，但对这些访问学者来说已足够维持日常生活。尽管留学生活面临种种困难，但张钹并未退缩，反而更加坚定地投入研究学习之中。为了节省时间，他买了一辆二手自行车，穿梭于实验室、图书馆、宿舍和商店之间。在相当长的一段时间里，他几乎没有休息日，每天都在不同的地方学习、研究。他从最基础的人工智能教科书学起，练习计算机编程，并积极与实验室的同事交流，努力寻找自己的研究方向。

CSL 实验室的人工智能团队实力雄厚，汇聚了多位在人工智能领域享有盛誉的学者。在团队成员中，除钱天闻、黄煦涛（1981 年来到 CSL）两位教授外，还有戴维·瓦尔兹（David L. Waltz）副教授尤为突出。他 1972

年毕业于麻省理工学院，博士论文中的研究成果被收录到人工智能教科书，后来还担任了美国人工智能协会主席。此外，纳伦德拉·阿胡贾（Narengra Ahuja）博士毕业于马里兰大学，专攻计算机视觉、模式识别和图像处理，1979 年加入伊利诺伊大学厄巴纳－香槟分校。德拉尔德·德容（Derald DeJong）博士则毕业于耶鲁大学，1980 年进入 CSL 实验室，研究机器学习和自然语言处理。他们两位当时都担任助教，后来都成为各自领域的知名学者。钱天闻的博士生团队也汇聚了多名优秀人才。其中，潘永昭、大卫·陈（David C. Chen）和威廉·何（William P-CHo）均为华裔，肖恩·凯勒（Shaun Keller）和蒂莫西·特里克（Timathy N. Trick）则是美籍学生。另外，斯蒂芬·克罗斯（Stephen E. Cross）是戴维·瓦尔兹的博士生。此人很特别，爱尔兰裔纯白人，长期为美国空军服务。1977 年从空军技术学院取得硕士学位，1980 年由部队保送过来，带薪攻读博士，学校保证三年后（1983 年）授予学位。之后他转业到高校工作，2010 年担任乔治亚理工学院负责科研方面的执行校长。在这样一个学术氛围浓厚的环境中，张钹积极与同事和学生交流探讨，很快融入了实验室的研究工作，并逐步赢得了大家的认可与尊重。

在张钹赴美访学期间,清华大学人工智能与智能控制教研组同步启动了教学工作。他们开设了人工智能导论和人工智能程序设计等课程,并开始招收硕士研究生,研究方向主要集中在专家系统领域。其中,人工智能程序设计课程由陆玉昌老师主讲。由于国内在人工智能教学方面尚处于起步阶段,缺乏成熟的经验,张钹便利用在伊利诺伊大学厄巴纳–香槟分校访学的机会,深入了解美国的教学方法,并向陆玉昌老师提供建议。在伊利诺伊大学厄巴纳–香槟分校,人工智能程序设计是一门研究生课程,由刚从耶鲁大学博士毕业的德拉尔德·德容教授。由于年纪相仿,他与学生们交流时没有架子,授课风格随意。上课时,他经常坐在讲台的桌子上,东一句西一句,显得不太有条理。学生们听课也极为随性,有的端着咖啡或可乐进入教室,有的甚至把脚搭在前排座椅上。课程采用 LISP 语言进行教学,学生需自学语言基础,因此第一堂课内容并不多,德容便会与学生们聊起自己在耶鲁大学学习时的趣事和编程心得。随后,他会布置一道课后作业——使用 LISP 语言编写程序以实现特定的技术要求。作业难度极高,学生们往往需要长时间调试才能完成。第二次课的内容主要围绕前一周的作业展开,师生共同探讨编程风格和经验,讨论颇为深入且富有启发性。选修该课程的学生共有 20 余名，但由于作业难度较大，不少人中途放弃。一学期下来，仅有 10 人完成全部作业，这些学生最终均获得最高成绩"优"。尽管这样的教学模式在国内高校难以直接复制，但通过实践与讨论相结合的方式无疑值得借鉴。张钹将课程的全部作业及编程思路整理后寄回清华大学，以供国内教师参考。

虽然人工智能在中国尚属新兴学科，但在国际上，当时正经历一轮低谷期。人工智能概念提出已逾 20 年，但受计算机硬件条件的制约，研究进展陷入瓶颈。钱天闻的几位博士生迟迟无法确定研究课题，其中一位因 8 年未能完成博士论文而被迫放弃，另一位已坚持 4 年仍未选定方向，甚至有人干脆改投计算机领域的其他研究方向。面对这样的形势，张钹并未气馁，反而愈发坚定信念。他认为，20 多年的研究历程并不算长，人工智能仍然是一片充满未知与挑战的领域，仍有许多"无人区"亟待探索。他决心不随波逐流，而是深入分析，寻找适合自己的研究道路。当时，国内学术研究面临的最大挑战之一是资料匮乏。以人工智能领域为例，国内能获得的核心资料主要是《国际电气与电子工程师协会汇刊：模式识别与机器智能》（IEEE Transactions on

Pattern Analysis and Machine Intelligence，简称 *IEEE Trans. on PAMI*），清华大学图书馆和北京市图书馆各有一份。但其他相关期刊则零散分布，且常有断档现象。即便是 *IEEE Trans. on PAMI*，国内收到时往往已比国际出版日期晚了一两个月。人工智能领域的前沿研究通常首先在学术会议上发表，期刊文章往往是研究完成后的总结，发布时间比会议论文晚一到两年，再加上期刊寄达国内、被学者阅读和消化的时间差，导致国内研究者对国际最新进展的了解普遍滞后两到三年。这种信息不对称使得国内学者难以准确把握研究前沿，而仅依赖有限的资料，更难以自主开辟新的研究方向。出国访学为破解这一困境提供了契机。在伊利诺伊大学厄巴纳 – 香槟分校，张钹可以直接获取最新的研究文献，紧跟国际研究动态，并将这些信息及时传递回清华大学，为国内的科研工作提供支持。基于这一目标，他利用一切机会大量收集资料并寄回国内，帮助教研组的老师们拓展研究思路。清华大学校刊《新清华（党的生活专刊）》曾专门报道此事，对他心系国家和集体的精神给予了高度评价。

　　面对人工智能低谷期带来的挑战，张钹没有畏缩不前，而是选择迎难而上。他不断拓展自己的研究方向，坚定地向未知领域迈进，踏上探索"无人区"的旅程。

探索无人区

20 世纪 80 年代，人工智能仍处于第一代的发展阶段，被称为知识驱动的时代。这一时期的研究模式主要依赖符号推理，强调逻辑推理、启发式搜索和知识表示，而较少使用严格的数学工具。国内的人工智能研究刚刚起步，整体上也遵循这一潮流，研究方向集中在模糊推理和专家系统。专家系统，又称知识工程，如医疗诊断专家系统，实际上更偏向工程应用，其理论研究相对较少。由于国内外在人工智能理论上的成果都较为有限，张钹敏锐地意识到，未来的发展必须在理论层面有所突破。

尽管理论研究难度较大，但它对学科建设至关重要，是推动人工智能发展的基础。张钹坚信，数学工具在人工智能理论研究中不可或缺。其实，他的观点在当时的人工智能界并不占主流，而是少数派。不过，他对自己的理念有深刻的理解："如果把科学探索比作解剖，数学工具就是解剖用的刀。陈旧的数学工具就像一把钝刀，既难以切割，也无法清晰地观察细节；而好的数学工具是把快刀，能让研究更加顺畅，帮助我们深入理解问题。因此，要想在理论上取得突破，关键在于找到一把'快刀'——合适的数学工具。"怀揣这一理念，张钹决定在人工智能理论研究方面进行探索，并继续与弟弟张铃合作，兄弟联手，勠力同心，优势互补。在出国前，他已精心准备了一份研究提纲，到达伊利诺伊大学厄巴纳－香槟分校后，丰富的学术资源让他不再需要像过去那样乘火车到上海图书馆查阅资料，这为他的研究创造了更便利的条件。

当时，人工智能理论研究的核心问题之一是：人工智能是否可以像物理学那样建立一套普适的理论？对此，学界存在两派观点。简约派（Neat 派），以约翰·麦卡锡（John McCarthy）为代表，认为机器智能应寻求抽象推理和问题求解的本质，最终形成一套方法来解决各种问题。芜杂派（Scruffy 派）的代表人物是罗杰·沙克（Roger Schank），则认为不存在通用原理，每个智能行为都需要针对特定情境进行复杂建模。这一争论长期未有定论，使得许多研究者更倾向于投身短期可见成效的专家系统。不过，即使有争论，第一代人工智能的理论研究也在缓慢向前推进，主要集中在推理、搜索和规划三大方向上。经过分析比较，张钹决定选择搜索和规划，这主要是基于它们在智能机器人、知识库、计算机规划、决策、调度和管理系统中的应用前景广阔。至于推理模型研究，他发现当时多采用数理逻辑或模态逻辑等方法，而这些并非他的专长，因此他选择避开这一方向。

在规划领域，张钹的研究重点是机器人运动规划。机器人规划涵盖多个方面，如决策规划和运动规划等。他关注的运动规划，旨在解决机械臂在复杂环境中如何避免障碍物并完成既定任务的问题。这一问题在实际应用中具有重要意义，因为工业机器人在执行任务时往往需要应对各种不确定因素。由于机械臂具有多个可活动的关节，直接求解其运动路径极为困难。当时，国际上较为流行的方法是将多关节机械臂的运动空间从三维映射到更高维的配置空间（根据机械臂的自由度，可能达到十维以上），然后将机械臂简化为一个点，以在该空间内寻找无碰撞路径。然而，这种方法使问题变得更加复杂。为了攻克这个难题，一些研究者提出了剖分法，即将高维空间划分为多个小区域，并对每个区域进行单独分析。这一方法本质上属于穷尽搜索，计算量巨大，限制了其实际应用。

如何解决？张钹与张铃决定专注此项研究，寻找突破点。围绕问题，他们展开了深入的探讨与分析。张铃提出，可以引入数学工具——拓扑理论，通过拓扑变换简化高维空间结构，将复杂的空间转化为更易处理的拓扑空间。在这一思路的基础上，他们共同提出了一种全新的基于拓扑理论的机器人运动规划方法。拓扑学研究几何图形或空间在连续变形过程中保持不变的性质，关注物体间的位置关系，而非具体的形状与大小。例如，在拓扑学中，一个带有环柄的水杯形状可以连续变形为甜甜圈形状，而不改变其基本拓扑性质。基于这一原理，张钹和张铃利用拓扑变换将复杂的多维空间转化为一个简单的图或网络，使原本涉及障碍物规避的机械臂运动规划问题变成了在二维平面网络中寻找两点之间的最优连通路径问题。在计算得到路径后，再通过逆向变换还原回原始几何空间，从而得出最终结果。通过这一方法，他们成功地将问题拆解为两个层次，大幅降低了计算复杂性。研究取得了突破，张钹和张铃都感到振奋，决定将成果发表在国际期刊上，以向世界展示中国学者的研究水平。那么，选择哪个期刊投稿呢？在国内，他们主要阅读 *IEEE Trans. on PAMI*，这是人工智能领域的顶级期刊，但他们此前从未向国外期刊投过稿，对难度也毫无概念。考虑到该刊的影响力，张钹决定尝试一次看看。可是，他很快又听说向国际期刊投稿需要支付版面费，而作为公派出国的学者，他的经费十分有限，这让他犯了难。无奈之下，他找到合作教授钱天闻，希望让他作为第一作者，以便由其承担版面费。钱天闻欣然同意，但这也意味着论文的作者顺序发生了变化，最终变成了：钱天闻、张铃、张钹。事后，张钹才了解到，支付版面费并非必须，唯一的区别只是支付费用后可获得更多论文的复印件。事实上，钱天闻的贡献仅限于支付费用并领取了一沓复印件。张钹曾把论文草稿交给钱天闻，希望他提出修改意见，但对方未作任何改动。实验室的研究生也被他请来润色英文，结果也没有修改一个字。虽然终版论文的第一作者署名是钱天闻，但论文的研究、写作和所有学术贡献，完全是出自张钹和张铃之手。

对于张氏兄弟而言，在当时的环境下完成这样一篇论文并非易事。张钹在国外整整两年，几乎每一分每一秒都用在了学习与研究上，甚至是春节，他也是独自一人在实验室度过，从事实验和研究。他与家里的联系仅限于少量的书信。纵然生活单调枯燥，却丝毫没有减弱他投入学术研究的热情。其实，给家里的书信少，还有一个原因就是节省费用，以便和弟弟进行研究交流。此时，张铃已在安庆师范学院任教，摘掉了"右派"的帽子。由于当时长途电话费用昂贵且通信不便，两人主要依靠书信交流学术问题。寄往国外的航空信件每封需 8 毛钱，这在当时并不是一笔小数目。因此，每次写信时，他们都尽量使用极薄的纸张，以减少邮资负担。他们经过计算，一封信如果超过 5 页就会超重，需要额外支付费用，因此他们特意选用了最薄的改良纸。为了留存讨论记录，每次写信时都会用复写纸再备一份，以免寄出后丢失原稿，影响后续交流。为了充分利用纸张，每张信纸都用小字密密麻麻地写满，不分段落，每个自然段结束时才用红笔标上一个小点作为区分。通常情况下，国内寄往美国需要 10 天，美国寄回国内约需 7 天，每次通信往返大约需要 20 天。就是在这样跨越大洋的艰苦条件下，张氏兄弟不断攻坚克难，推动研究向前进展。在合作过程中，兄弟二人分工明确。张钹在美国广泛查阅文献，筛选出有价值的资料寄回国内，并提出研究问题；张铃则负责解决问题，构建数学模型。张钹不仅提出问题，还会根据张铃的模型进行分析，并尝试将其进行具体应用，有些部分还需要亲自编写程序进行实验验证。经过反复讨论，两人最终共同撰写论文并投稿发表。回忆起这段经历，张铃曾感慨："是哥哥把我带进了科研的殿堂。"而张钹也对弟弟的支持深表感激："没有他的话，我做不出这么高水平的成果。"兄弟同心，其利断金，正是他们彼此信任、优势互补的合作模式，才使得研究成果令人瞩目。

1981 年 3 月，张钹将论文《机器臂在障碍物之间的无碰撞路径规划》投稿至 *IEEE Trans. on PAMI*。同年年底，他收到了论文录用的通知，而且令人惊讶的是，稿件无须修改便被接受。要知道，*IEEE Trans. on PAMI* 作为人工智能领域的顶级期刊，审稿要求极为严格。当时，能在该刊发表论文的往往是学界极具影响力的学者，而且大部分投稿论文通常需要经过多轮修改才能被接受。像张钹他们这样首次投稿便被直接录用的情况，在当时极为罕见。论文录用后，期刊编辑寄来了审稿意见，主要考察三个方面：第一是研究的重要性，即所探讨的问题在该领域的学术价值和影响力；第二是创新性，即研究是否提出了全新的方法或见解；第三是表达的清晰度，即论文的表述是否准确、易懂。审稿人对这三方面的评价均为 "good"（优秀）。回忆起这件事时，张钹坦言，自己当时的英语表达并不算流畅，论文能够被直接录用，可能是因为评审专家更加看重其研究的新颖性。事实的确如此，这项工作并非在国外学者的研究基础上改进而来，它完全是张钹和张铃独立思考、原创提出来的。论文撰写时，他们仅引用了三篇参考文献，这不仅说明他们的研究思路前人未曾采用过，也侧面反映了该研究的独创性。评审专家能够敏锐地发现这项工作的学术价值，足见其眼光独到。张钹把这份审稿意见寄给了张铃，为了充分利用每一次通信交流学术研究的机会，在审稿意见的背面也写满了他对研究的见解。张铃将这份珍贵的意见一直保存到今天，这是他们探索无人区取得的第一个成果的最好见证。

按照计划，该论文应于 1983 年 1 月正式发表，但由于张钹在 1982 年 2 月回国，编辑部未能及时与他取得联系，导致发表时间推迟了一年，最终在 1984 年 1 月正式刊登。这篇论文成为中国学者在人工智能理论研究领域发表的第一篇国际期刊论文，在学界引起了广泛关注。更重要的是，它不仅提升了中国人工智能研究在国际上的影响力，也让国内学者倍感振奋，增强了张钹为推动中国人工智能发展作出更大贡献的信心和决心。论文在顶级期刊发表后，CSL 实验室的同事们都对张钹刮目相看。许多人感到惊讶，一位来自中国的访问学者，竟能在如此高水平的期刊上发表论文。在当时，许多国内派往美国的学者由于研究基础和语言能力的限制，很难融入当地的学术圈。张钹不仅在该领域取得了突破，还成功在国际顶刊上发表论文，这在当时的中国学者中是极鲜有的事情。钱天闻对张钹的态度也发生了明显变化，他在与研究生交流时，特意用四个词评价张钹：aggressive（有进取精神）、creative（有创造力）、productive（研究成果丰富）、active（科研态度积极）。这些评价充分肯定了张钹的科研能力，也成为实验室师生学习的榜样。自那以后，大家对张钹更加敬重，遇到问题时也常常向他请教。

1982 年，访学期满的张钹准备返回祖国。临行前，CSL 实验室的年轻教师和博士生们特意为他举办了一场送别聚餐。据张钹回忆，这次聚会由博士生斯蒂芬·克罗斯组织。当天，大家按照美国的传统习惯实行 AA 制（各自付费），但斯蒂芬却主动为张钹买了单，打破了美国人的惯例。在此之前，钱天闻也曾请实验室师生聚餐，但即便是"请客"，也都是各自掏腰包。很显然，斯蒂芬的举动是在表达他对张钹的尊重和认可。回顾在CSL 实验室的两年，尽管起初有一段磨合期，但张钹认为自己还是得到了不少支持，包括良好的工作条件、办公环境以及丰富的学术资源，这些都极大拓宽了他的研究视野。在访学期间，他先后参加了 1980 年 8 月在斯坦福大学举行的 AAAI 会议和 1981 年 8 月在加拿大温哥华举办的第七届国际人工智能联合会议（IJCAI–81）。当时，国内访问学者很难负担参加国际会议的费用，好在钱天闻对此非常支持，资助张钹参会。虽然张钹在这些会议上并未发表论文，但这样的经历让他对国际人工智能领域的最新进展有了更深入的了解。也正因如此，张钹才愿意让钱天闻作为合作者挂名在论文上，以示对其支持的回报。只是这么重要的文章把他放在第一作者的位置，现在看来是不大合适了。这也反映了当时国内学者对国际学术交流规则缺乏经验。不过，这次经历让张钹深刻认识到了自己研究的价值，也更加意识到了知识产权保护的重要性。

在这段时间里，张钹和张铃还完成了一项重要的研究——关于搜索问题的优化。对于第一代人工智能而言，搜索是其中至关重要的基础研究内容。人工智能教材通常在开篇部分介绍搜索，因为它有助于在 AI 建立的推理模型中找到所需要的解。然而，当张钹和张铃开始研究这一问题时，他们发现现有方法远未能彻底解决搜索效率的问题。当时常用的搜索方法主要是穷尽式搜索，即不加区分地遍历所有可能的路径。一般采用两种基本策略：宽度优先搜索和深度优先搜索。宽度优先搜索从起点出发，逐层进行，即先横向按空间宽度展开搜索，再纵向逐步深入，直到找到目标。但是，如果搜索空间过大，这种方法往往导致计算量巨大，难以找到最终解。深度优先搜索则采取相反的方式，沿着一条路径深入搜索，直到无路可走时再回溯选择另一条路径。虽然与宽度优先搜索有所不同，但它仍然无法避免穷尽搜索的低效性。

为了优化这些方法，人工智能研究者提出了 $A*$ 算法，即启发式搜索。该算法引入了一个评价函数，用于估算不同路径找到解的可能性，并根据这一估算逐步选择"最优路径"。这一方法确实在一定程度上提升了搜索效率，但其主要缺陷在于评价函数的准确性。由于知识的不完整性，评价函数往往无法提供精准的估算，从而影响算法的效果。著名人工智能学者、图灵奖获得者朱迪亚·珀尔（Judea Pearl）曾分析过这一方法，并指出：只要估算的相对误差稍有增大，搜索量就会呈指数级增长。换句话说，$A*$ 算法在某些情况下可能并没有比穷尽搜索更高效。面对这一挑战，张铃基于数学角度提出了新的改进思路，即通过分层次的方法优化搜索算法。于是，张钹和张铃共同提出了 $SA*$ 算法。相比 $A*$ 算法，$SA*$ 算法在前面增加了一个"S"，代表 Statistical（统计），即统计启发式搜索算法。他们在 $A*$ 算法的基础上引入了一种新的数学工具——统计推断。不同于 $A*$ 算法仅对单个节点进行估计，$SA*$ 算法能够对从该节点出发的所有节点进行整体估计，即综合评估所有可能路径的搜索价值。这一改进使得算法可以更有效地排除估值较低的路径（即剪枝），而统计推断则为如何合理地排除最差路径提供了数学依据。得益于这一优化，SA^*算法在相同甚至更宽松的条件下，大幅降低了计算复杂度，并显著提高了搜索效率。从今天的角度来看，这一工作具有相当的创造性——它将统计推断方法引入启发式搜索，从而极大地改进了搜索性能。在发表SA^*算法研究成果时，张钹和张铃吸取了之前论文投稿的经验，决定在张钹回国后再正式发表，而不事先在美国公开。连续在国际顶级期刊上发表论文，并多次参加人工智能国际会议，使得张钹和张铃逐渐成为国内学术界瞩目的新星。许多报纸纷纷报道两人的研究成果，包括《文汇报》《北京日报》《中国教育报》和《新清华》等，上面不仅介绍了他们的学术成就，也详细描述了他们的合作方式。这些宣传极大地提升了人工智能研究在国内的影响力，同时也激励了中国学者，让整个学术界对人工智能的发展充满信心。

在美国访学的两年间，张钹与其他访问学者一样，没有回国探亲。当时，他的两个孩子还年幼，一个刚上初中，另一个在上小学。幸好，妻子承担起了照顾家庭的责任，让他能在异国专心科研，不必分心家务。45岁时，他毅然决定转向人工智能领域，并远赴海外进修，这样的勇气和决心令人钦佩。他也用自己的努力证明了选择的正确性。经过张钹和张铃的共同努力，他们不仅在国际人工智能领域发出了中国学者的声音，也在这片尚存"无人区"的研究领域成功开辟了一条新的道路。

张钹之所以能够取得如此成就，主要有三个方面的原因。第一，他对自身优势有着清晰的认识。张钹的许多研究成果都是与弟弟张铃合作完成的，两人不仅关系亲密，在学术上也各有所长。张钹早期的研究方向偏向工程领域，他善于发现问题，对人工智能的发展趋势有着敏锐的洞察力；张铃则具备深厚的数学功底，擅长运用数学工具解决复杂问题。兄弟二人相辅相成，在科研中形成了高效的合作模式。张钹曾回忆说："我们当时找到的方法和路径基本上是正确的，所以才能在短时间内取得成果。国外的人工智能学者虽然拥有丰富的专业知识，但他们主要来自信息领域，在数学方面的造诣不如专门学习数学的研究者。我们提出的解法往往是他们不容易想到的，因此具有明显的优势。"正是这种精准的自我认知，使得张钹和张铃能够迅速跻身世界人工智能研究的前列。第二，他始终保持勇于创新的精神。20世纪80年代初，中国的人工智能研究尚处于起步阶段，但张钹并没有选择简单地追随国外，而是主动寻求突破。事实上，早在 60 年代，他在 510 教研组工作时，就已经展现出强烈的创新意识。当时，他带领学生进行飞行模拟实验，尽管实验条件极为有限，数据匮乏，但他仍然通过不断探索，与 40 所合作完成了一项有价值的研究。进入人工智能领域后，张钹更加注重创新。改革开放后，国内学术界与国际的交流逐步增加，他得以直接了解到国外人工智能研究的最新进展，而不再仅凭想象摸索方向。面对国际上的研究动态，他与张铃大胆尝试，将数学方法引入人工智能，提出了一系列新的算法，在推动学术进步的同时，也让国际人工智能界认识了这对来自中国的学者。第三，也是最重要的一点，就是他始终怀揣着一颗报效祖国的赤子之心。面对留在美国的机会，张钹毫不犹豫地选择了回国。他曾回忆说："当时留在美国是有可能的，但我们从来没有这样想过。我是国家派出去的，目的就是学习国外先进的技术，掌握之后带回国内，把中国人工智能搞上去，这就是我的想法。"这番朴实的话语，充分展现了一位科学家对祖国的责任感和使命感。

1982 年 2 月，清华大学的校园刚刚迎来初春的气息。在这个时节，清华园里出现了一位熟悉而久违的身影——张钹结束访学，从美国回来了。他不仅带回了先进的人工智能技术和研究理念，也带回了一份推动国内人工智能事业发展的使命感。回国后，他立即与教研组成员交流，了解到国内人工智能研究正面临两个主要困境：一方面，大部分研究仍然停留在专家系统领域，缺乏新的突破；另一方面，人工智能应用发展遇冷，缺乏实际项目支持。在这样的背景下，团队亟须明确研究方向，以推动科研工作的深入进行。为此，张钹和同事们决定走出实验室，深入科研与生产一线，了解国家的实际需求。在兵器工业部的支持下，他们组织了两次调研行动。第一批由张毓凯、刘植桢和张钹组成，前往重庆、万县等地的兵器工业与研究单位考察；第二批由林尧瑞和张钹前往齐齐哈尔、辽阳、抚顺和沈阳，走访多家兵工厂。从西南到东北，他们实地考察了化工、机械、电子等行业，探讨人工智能在兵工领域的应用潜力及发展前景。

在这次调研中，东北地区的齐齐哈尔 127 厂（火炮制造厂）和辽阳化工厂（主要生产炸药，现为辽宁庆阳化工）给张钹留下了深刻的印象。东北是我国火炮和炸药生产的重要基地，这些工厂大多建在山区，为了防止炮弹装药或生产炸药时意外爆炸的影响扩大，各个车间不得不分别建在不同的山坳里，危险工位之间以水泥墙隔离。即便这样，工人们长期接触火药和化工原料，缺乏有效的防护措施，仍然严重影响了身体健康。据说，外国军事代表团参观这些工厂时，都不敢进入这些高危车间，因为风险极大。这样的实地考察让张钹很受触动，他意识到，未来我国工业自动化的发展需要智能机器人，这正是国家急需的技术。在美国访学期间，张钹所在实验室的主任钱天闻教授正是专家系统和机器人研究的知名学者，因此他对该领域并不陌生。结合国内的实际情况，张钹和团队最终确定了新的研究方向——智能机器人。

1983 年，张钹、陆玉昌、张再兴和许万雍开始筹建智能机器人实验室。实验室最初设在清华大学中央主楼的地下室，建设过程中遇到的最大难题是缺乏机器人设备。没有合适的实验设备，研究工作便难以推进。与国外的机器人实验室相比，清华的条件相对落后。当时，国际上的机器人实验室通常都会配备一台机械臂，例如 PUMA560 或 Stanford Arm（斯坦福大学研发的机械臂）。为了推动实验研究，1984 年，张钹提出采购一台机械臂，这一提议得到了实验室老师们的支持。经过讨论，他们决定购买 PUMA560。PUMA560（Programmable

Universal Machine for Assembly，可编程通用装配机）是
美国 Unimation 公司于 1978 年推出的一款六自由度串联
结构机器人。它不仅是当时最先进的工业机器人之一，
也是学术界和工业界广泛研究的对象。然而，张钹与同
事们要想获得这台设备，面临着两大难题。

第一，PUMA560 属于禁运物资，正常渠道无法购
买。由于当时的国际政治环境，美国通过巴黎统筹委
员会对社会主义国家实施出口管制，许多高科技工业设
备，包括机械臂在内，都被列入禁运清单，不允许出口
到中国。而国内当时尚不具备自主生产类似设备的能
力，这使得采购变得异常困难。第二，PUMA560 价格昂
贵，实验室难以负担。一台 PUMA560 的售价高达 19 万
元人民币，这对当时的教研组而言无疑是个天文数字。
实验室的经费本就十分紧张，远远无法承担如此高昂的
费用。面对这两个难题，张钹和同事们积极寻找解决方
案。资金问题最终得到了福建省计算机技术研究所的支
持。清华大学与福建省有着长期的合作关系，早在 1983
年，时任清华大学副校长滕藤曾率队访问福建，与当地
政府建立了省校合作伙伴关系。作为福建人，张钹一直
参与其中，与福建的合作从未中断。此次，由清华大学
计算机系主任周远清出面，与福建省计算机技术研究所

所长林月钿（清华校友）商议，最终达成协议：清华大学与福建省计算机技术研究所各承担一半，共同购买这台设备。然而，即便是一半的费用，对于实验室来说仍然难以筹集，最后福建省计算机技术研究所决定先行垫付，待实验室资金充裕后再偿还。设备采购的渠道问题也通过特殊方式解决。经过商议，福建方面委托香港的一家公司购入 PUMA560，并以修船所需"机床"的名义将设备运至内地。这台 PUMA560 成为我国第一台机械臂，而后来的智能技术与系统国家重点实验室正是从这台貌不惊人的机械臂起步的。

解决了一道道难题，克服了重重障碍，PUMA560 终于从福州空运至北京。据实验室成员马少平回忆，教研组提前安排陆玉昌和张再兴两位老师前往福州，负责设备的运输事宜。在一切安排妥当后，两位老师随飞机一同回京。当张钹等人得知机械臂已经装机启航，正飞往北京时，大家都十分激动，期待已久的研究设备马上就要见面了。飞机降落在北京西苑军用机场，张钹和马少平专门从学校借来一辆车，赶往机场迎接。机械臂连同包装箱重量不轻，张钹和其他老师亲自搬运，众人合力将其抬上车，随后将设备安全运回学校。实验室里多了这么一个"宝贝"，教研组立刻安排张钹、陆玉昌和张再兴三位老师负责设备调试。然而，由于这台机械臂并非通过正常渠道购买，所以既没有任何标识，也缺少说明书，让老师们怀疑它是否为二手设备。可是，在当时的条件下能够获取这样一台先进的机械臂已属不易，因此大家格外珍惜，使用时都非常小心。调试过程充满挑战，设备时常无法复位，个别零部件也存在故障隐患。一天深夜，陆玉昌和张再兴在调试 PUMA560时，机械臂意外撞上桌子，随后彻底停止运作，两人顿时紧张起来。由于该设备是国内唯一的一台，且没有配件可更换，一旦损坏，将无法修复。两位老师多次尝试恢复，但机械臂始终没有反应。情急之下，尽管已是深夜，他们还是紧急致电张钹寻求帮助。张钹接到电话后，也非常紧张，立即赶往了实验室。他仔细询问了操作细节，并分析可能的原因。根据描述，他判断机械臂可能因为过载触发了动作保护。随后，他开始在机械臂上寻找复位按钮，果然，在按下按钮后，机械臂恢复了正常运作，大家这才松了一口气。正是张钹丰富的自动控制专业知识，加上他在工厂中多次维修设备的经验，才使他能迅速找到问题所在，从而化解危机。在此后的调试过程中，实验室成员仍然遇到了不少问题，但在张钹和同事们的共同努力下，这些困难都被一一克服。由于设备极其珍贵，实验室还专门安排了一位老师负责日常管理，所有人使用机械臂必须提前申请，而每天的开关机操作也需要由专人执行。

PUMA560 机械臂调试完成后，实验室迅速投入研究，围绕机械臂开发了多种计算机视觉系统，以提升其智能化水平。不久后，PUMA560 机械臂便具备了多项功能，例如利用视觉系统自动识别并抓取桌面上散落的积木，完成拼搭任务，或是在复杂环境中绕过障碍物执行特定操作，甚至能够写毛笔字。1985 年，中国首个智能机器人实验室在清华大学正式成立，标志着我国智能机器人研究的起步。同年 4 月，正值清华大学 74 周年校庆开放日，智能机器人实验室首次公开展示研究成果。研究人员将 PUMA560 机械臂与计算机视觉系统结合，构建了一套智能机器人演示系统，并在中央主楼地下室向校友及来访者展示。当时，机器人技术仍属新兴领域，机械臂的表现迅速吸引了大批参观者。只见机械臂精准蘸取墨汁，在纸上写下"你好"二字，令观众惊叹不已。这次展示不仅提升了实验室的知名度，也在业界引起了不小的震动。多位领导及科研人员对实验室的研究成果给予了高度评价，自动化领域的专家蒋新松观看后，惊讶地说："没想到你们'偷偷地'把实验室都建起来了。"此后，这台机械臂在多个研究项目中得到了应用，例如用于模拟空间站机械手的遥控操作等。实验室的研究工作持续推进，智能机器人技术的发展进入新阶段。

与此同时，张钹也开始在清华大学开设人工智能相关课程。当时，国内人工智能研究仍处于起步阶段，相应的课程体系也不完善。为培养专业人才，张钹为研究生开设了专家系统课程。人工智能的基础课程一般包括人工智能导论和专家系统，这也是国外高校最早设立的两门核心课程，随后才发展出人工智能程序设计等更专业的课程。张钹在美国进修期间，曾深入学习专家系统的理论与应用，因此回国后，他结合国外教学资料与自身研究经验开设了这门课程。在清华大学计算机系的人工智能与智能控制教研组中，林尧瑞和石纯一主要研究专家系统，而张钹则聚焦于人工智能基础理论。由于张钹在美国接触过专家系统课程与研究项目，因此这门课由他来讲。根据国外所获得的材料，加上自己的体会，张钹开设的这门课很受欢迎，他讲课条理清晰、生动有趣，学生们收获颇丰。

1986 年 3 月，为缩小与世界先进技术的差距，推动我国高新技术发展，国务院批准实施《高技术研究发展计划（"863"计划）纲要》。这一计划的出台，不仅促进了国内高新技术产业的发展，也为科技工作者提供了更大的支持。在"863"计划的自动化领域，智能机器人被列为两大重点研究方向之一。蒋新松作为该领域的首席科学家，立即想到张钹，并邀请他加入第一届国家"863"计划智能机器人主题专家组。尽管清华大学智能机器人实验室成立时间尚短，但张钹及其团队已在前期完成了关键研究积累，在专家考察和论证后，清华大学被确立为该主题的主要承担单位之一。实际上，清华大学多个院系均在进行机器人研究。例如，机械系主要研究机械臂，自动化系研究假肢，而张钹所在的计算机系起步相对较晚。然而，计算机系的研究重点是人工智能，这一新兴学科正逐步成为未来发展的重要方向。因此，最终由张钹代表清华大学进入"863"计划专家组，主要负责有关人工智能方面的项目。从 1987 年到 1994年，张钹连续担任三届智能机器人主题专家组专家，深度参与"863"计划的制订、研究与管理。清华大学计算机系也一直是该主题的核心承担单位，并在某一阶段同时负责民用和军用两个"863"机器人主题的研究工作。其中，民用智能机器人主题的专家组组长为贾培发教授，军用空间机器人主题的组长则是孙增圻教授。可以说，在"863"计划的推动下，清华大学确立了全国智能机器人研究的领先地位。"863"计划的实施不仅推动了清华大学的智能机器人研究，也为人工智能学科的发展创造了新的机遇。

在努力建设好智能机器人实验室的同时，张钹在提升学校人才培养水平方面也竭尽所能。1985年年底，张钹被评为清华大学教授，并荣获清华大学1984—1985年度教学工作优秀奖一等奖。1986年，他作为学科带头人，推动清华大学计算机系的"计算机应用技术"（二级学科）获得国务院学位委员会批准设立博士点。这是我国最早设立的计算机应用技术博士点之一，为国内人工智能领域高层次人才的培养建立了基地。1996年，在国家开展按一级学科批准博士学位授予权的试点工作中，清华大学计算机系成为国内最早获得"计算机科学与技术"一级学科博士点的高校之一。这一成就的取得，离不开计算机应用技术等二级学科的贡献。2001年，张钹领导的计算机应用技术学科被评为国家重点学科，清华大学在历次学科评估中始终名列全国第一。与此同时，人工智能方向的博士生培养也逐步展开。自1986年起，张钹担任计算机应用技术博士研究生导师，并培养了我国计算机应用技术（人工智能）领域的第一位博士生——帅典勋。

1987 年，张钹与教研组的几位老师共同筹划，准备申请建立"智能技术与系统"国家重点实验室。这一名称的由来，与当时国内已有的相关实验室的布局是分不开的。彼时，中国科学院已经成立了模式识别国家重点实验室，北京大学也建立了视觉与听觉信息处理国家重点实验室。当清华大学提出申请时，国家计划委员会和科学技术委员会的相关负责人提出疑问：既然已经有了两个类似的国家重点实验室，是否还有必要再设立一个？面对这样的疑问，张钹等人说明情况、以理服人。他们指出，已有的两个实验室研究方向相对集中，主要聚焦于模式识别，而清华大学拟建的实验室涵盖的范围更广，并且侧重于智能技术研究。经过多番沟通，实验室的申请最终获得批准。从时间上来看，清华大学的智能技术与系统实验室与前两个实验室属于同一批次，只是挂牌运行稍晚。实验室于 1987 年开始筹备，1990 年2 月正式对外开放，成为我国首个以"智能"命名的国家重点实验室。作为实验室的主要创建人之一，张钹在建设过程中发挥了重要作用。

实验室成立后，清华大学希望由院系主任兼任实验室主任，以便更好地协调工作。因此，首任实验室主任由时任计算机系主任周远清担任，张钹出任副主任。不久后，周远清因工作调动前往校机关任职，张钹随即接任实验室主任，并在1990—1996年连续三届担任该职务。智能技术与系统国家重点实验室是在原智能机器人实验室的基础上建立的，原本从事控制研究的教师逐步转向智能机器人领域，使得整个科研团队的实力得到进一步增强。在张钹的领导下，实验室积极开展国内外学术交流，在短短几年内便取得了显著成就：先后派出80多人到国外参加相关的国际学术会议，30多人到国外合作交流或进修；邀请国外著名专家到该实验室讲学50多次，实验室接待来访问或参观的专家超过1000人，主办或联合主办国际学术会议2次，举办高级研讨班1次。通过这些交流与合作，实验室逐步确立了自身在国内人工智能研究中的重要地位。张钹带领团队搭建起了我国人工智能研究的核心平台。

在建设国家重点实验室的同时，张钹对学校人工智能的学术队伍建设同样倾注了大量心血。自20世纪80年代我国人工智能研究起步以来，国内在该领域发展较快的高校主要有三所：第一所是北京大学，其核心学者是马希文。20世纪80年代初，马希文曾赴斯坦福大学访学，师从人工智能奠基人之一的约翰·麦卡锡（John

McCarthy），因而与国际人工智能学界保持着紧密联系。回国后，他专注于计算语言学，并于 1986 年参与创办北京大学计算语言学研究所，在国内该领域贡献卓著。第二所是吉林大学，其主要学者为王湘浩和刘叙华。吉林大学是国内最早开展人工智能研究的高校之一。王湘浩是我国首批计算机学科博士生导师，早年研究近世代数，后来转向多值逻辑与自动机理论，并尝试将数学方法引入人工智能研究。进入 80 年代后，他逐步将精力转向行政事务，吉林大学的人工智能研究工作主要由其弟子刘叙华主导。刘叙华曾于 1985—1986 年在美国伊利诺伊大学厄巴纳 – 香槟分校计算机系访学，专攻定理机器证明和自动推理，并在该领域开展了具有开创性的研究。第三所就是清华大学，由张钹与其弟弟张铃主导。他们在搜索和规划领域引入数学工具，为人工智能研究方法带来了创新。80 年代，中国学者能在国际人工智能联合会议（IJCAI）上发表论文的，只有张钹、张铃、马希文和刘叙华四人；而在 *IEEE Trans. on PAMI* 等顶级期刊上发表论文的，就仅有张钹和张铃。可以说，这三所高校各自形成了独特的研究特色，共同奠定了中国人工智能研究的基础。对于清华大学而言，还有一项重要的成果，就是培养和建立了一支高水平的人工智能研究队伍。

清华大学的人工智能研究队伍不但水平一流，而且覆盖面较广。除张钹外，石纯一与林尧瑞的研究方向是专家系统与知识工程。石纯一毕业于北京大学数学系，林尧瑞则是从东北工学院（今东北大学）调入清华大学的。应明生从南京航空航天大学调入，专注于量子计算与量子信息的研究。黄昌宁主要从事自然语言处理的研究工作。在机器人与智能控制领域，何克忠、孙增圻和贾培发是主要研究人员，而在虚拟现实方面，王家廞有着深入的研究。文字识别领域由夏莹、马少平和朱小燕负责，计算机视觉方向则由许万雍专攻，数据挖掘研究由陆玉昌主导。值得一提的是，在团队成员中，朱小燕曾留学日本，王家廞曾在比利时深造，而黄昌宁、何克忠、孙增圻、贾培发、夏莹、马少平、许万雍和陆玉昌均为清华大学自主培养的学者。在这些研究人员的共同努力下，清华大学的人工智能研究逐步从相对狭窄的领域扩展至涵盖人工智能理论与技术的多个方面，这些研究包括问题求解、计算语言学、智能控制、神经网络理论等人工智能的基本原理、基本方法，以及智能机器人、人机交互、声音及图形图像处理、文字与语言处理等相关应用技术与系统集成技术。正是凭借这样一支高水平的团队，清华大学在申请建设智能技术与系统国家重点实验室时，能够以研究覆盖面广为优势，并最终成功建立了属于自己的人工智能研究基地。

"一分耕耘，必有一分收获。"自实验室成立以来，科技部曾委托国家自然科学基金委三次组织专家进行评估（每 4～5 年评估一次），实验室均获得专家与同行的高度认可，三次评估结果均为"优"，并在全国信息领域的 18 个国家重点实验室中排名第一，第四次评估更是直接获得免检资格。张钹因在国家重点实验室建设中的杰出贡献，获得了科技部、国家计委和教育部的多项表彰与奖励。1990 年 4 月，他被国家计划委员会、国家教育委员会和中国科学院评为先进工作者，并获得"金牛奖"。在 1991 年和 1992 年，他连续两年被评为"863"计划工作自动化领域的优秀工作者。1994 年 12 月，在国家重点实验室建设十周年庆祝大会上，他作为智能技术与系统国家重点实验室主任，再次被评为先进工作者，并获得"金牛奖"。基于这些重要贡献，自 1991 年 7 月起，他享受国务院政府特殊津贴。

实验室的建立不仅为人工智能研究提供了重要的平台，高水平的研究团队也确保了实验室的高效运作，同时吸引了更多科研经费的支持。国家在充分认识到人工智能学科发展的重要性后，为支持智能技术与系统国家重点实验室的研究，最初拨付最高运行经费 1000 万元，几年后增至 2000 万元。有了这笔钱，实验室的科研有了保障，也可以促进人员学习交流，提升研究水平，各方面相辅相成，清华大学乃至中国的人工智能界已经有能力在"无人区"开荒拓土了。

蜚声国际

1983 年，第八届国际人工智能联合会议（International Joint Conference on Artificial Intelligence，IJCAI）在德国卡尔斯鲁厄召开。这是人工智能领域的顶级学术会议，每两年举办一次。张钹和张铃向大会提交了关于 SA^* 算法的研究成果，并受邀参会。由于张钹刚刚回国，按照学校规定短期内无法再次出国，因此由张铃代表前往德国作报告。大会将张铃安排为首位发言者，他报告的论文题目为《一个新的启发性搜索技术》，这次会议虽无评奖环节，但被安排为首位发言本身就是对论文作者的最高认可。这也是我国学者首次在 IJCAI 这一人工智能领域的顶级会议上发表论文。麻省理工学院人工智能专家 Randall Davis 特意致信张钹，祝贺其 SA^* 算法成果的发表。这一成就标志着中国在人工智能研究领域又迈出了重要一步。

1984 年，第六届欧洲人工智能会议（European Conference on Artificial Intelligence，ECAI）在意大利比萨召开，张钹和张铃再次受邀介绍逐次 SA^* 算法。可是，参会经费却始终没有着落。张钹深知这次会议的重要性：一方面可以展示中国在人工智能研究领域的进展；另一方面也能促进与国际同行的交流与合作，推动国内人工智能研究的发展。最后，经过多方努力，为了支持张钹参会，清华大学分管财务的副校长破例特批了一笔经费。这次经历让张钹深刻认识到科研经费对于科学研究的重要性。本次会议是张钹和张铃共同参加。张钹在大会上作了《逐次 SA* 搜索及其计算复杂性》的报告，其中他们进一步完善了 SA* 算法。原始算法的一个缺陷在于，删除的最差路径可能包含最终解。为解决此问题，他们引入错误概率的概念，从概率统计角度更精确地评估 SA* 算法的有效性。在这种改进下，逐次搜索能够使最终错误概率趋近于零，确保算法的准确性。计算复杂性方面，新方法的计算量仅比原方法增加数倍，相较于指数级增长的传统方法仍然具有显著优势，对计算机的执行效率也影响不大。他们的报告引起了与会的全球 800 多位人工智能专家和学者的强烈反响。会议评审认为："由中国学者提出的搜索复杂性评估准则取得了新成果……这是搜索方法的一项新进展和重要突破。沿着这个方向，可以展开许多新的研究内容。"众多华人留学生纷纷前来祝贺，一些人惊讶于张钹的流利英语，甚至误以为他自幼在国外生活。一些外国学者更是特意前往他们驻地请教学术问题。大会主席 Tim O'Shea 也给予高度评价："你们为自己树立了一座塑像，你们的研究是一个重大突破，为搜索技术开辟了新的方向。"

在这次会议上，张钹和张铃荣获了 ICL 欧洲人工智能奖（ICL 为赞助商国际计算机有限公司，International Computer Limited 的缩写）。欧洲人工智能会议为不同研究领域设立奖项，两人获得的是搜索与规划领域的最高奖项，显示出他们在该领域的领先地位。国际计算机有限公司也向两人致以祝贺。谈及获奖经历，还有一件趣事。一天午后，他们准备回旅馆，发现会议布告栏上贴满了按首字母排序的信件，意外地在"Z"栏中看到一封属于自己的信件。由于他们是首次到意大利参会，并无熟识的朋友，因此感到颇为意外。打开一看，才知是获奖通知。次日上午，两人登上主席台，领取会议颁发的奖杯和 100 英镑奖金，并接受意大利电台的采访。作为全球两大人工智能国际会议之一，欧洲人工智能会议此前从未有中国学者受邀参会。这次参会和获奖极大地鼓舞了张钹，多年的不懈努力，终于使他们的研究水平跻身国际前列。

1985 年，张钹和张铃作为中国代表出席在美国洛杉矶召开的第九届国际人工智能联合会议。此次，他们对逐次 SA^* 算法再次优化，提出加权 SA^* 算法。新方法在每次搜索后对不同路径赋予权重，优质路径的权重增加，较差路径的权重降低，而最差路径则直接删除，从而进一步提升搜索效率。至此，*SA** 算法体系基本完善，又一次获得国际人工智能领域的高度赞誉。

从 1982 年到 1995 年，张钹和张铃在学术研究上不断取得突破，国际人工智能学界对他们的关注度也日益提升。自 1984 年在第六届欧洲人工智能会议上获奖后，他们陆续收到来自世界各地的学术报告邀请。1986 年 7 月 20 日，张钹和张铃前往英国布莱顿，参加第七届欧洲人工智能会议，并顺便访问了欧洲多所高校，进行学术交流。作为改革开放后首批走出国门的学者，张钹和张铃不仅要与国际学术界接轨，同时也肩负着了解海外社会文化、推动中外交流的使命。当时，在欧洲人工智能会议注册时，他们遇到了一位热情的中年女性工作人员。得知二人来自中国，她主动赠送了会议期间的餐券。张钹起初以为是工作人员的失误，礼貌地退还，但对方坚持将餐券送给他们，见他们是两个人，另外又加了一份。原来，这位工作人员是伦敦大学玛丽女王学院负责留学生事务的主管，正希望与中国高校建立联系，加强交流。这一小小的善意举动，也反映了当时国际学术界对中国的兴趣和期待。

会议结束后，张钹前往爱丁堡大学，受人工智能系主任 Jim Howe 教授的邀请，进行学术访问。爱丁堡大学不仅拥有全球首个人工智能系，在该领域的研究也处于世界领先水平。受邀作关于机器人运动规划的学术报告，体现了这所顶尖学府对张钹研究成果的认可。此次爱丁堡之行，也发生了一段小插曲。张钹乘火车抵达时已近午夜，虽然 7 月底的爱丁堡因处于高纬度天还微亮，但住宿却成了难题。由于英联邦运动会正在当地举行，所有旅馆都已订满。无奈之下，他决定在爱丁堡大学的计算机系大楼暂作休息。然而，大楼需凭钥匙进入，正在他犹豫之际，一名学生模样的年轻人正好进门。见到张钹，这名学生上前询问情况。张钹随即指向大厅布告栏上的学术报告通知，说明自己是受邀来作报告的。了解张钹的困难后，这位学生迅速联系了校内的教授俱乐部。得知是一位远道而来的中国教授时，俱乐部立刻安排了住宿，并提供了早餐和午餐。这次经历让张钹首次感受到"教授待遇"，因他本人刚刚在 1985 年年底晋升为教授，所以颇有新奇感。

在爱丁堡大学完成学术访问后，张钹前往法国格勒诺布尔，应 Christian Laugier 教授邀请，到格勒诺布尔大学信息基础与人工智能实验室（Lab of Information Foundation & Artificial Intelligence，LIFIA）作报告。LIFIA 实验室不仅承担了张钹从爱丁堡到格勒诺布尔的旅费，还支付了一笔讲课费，这是他第一次因学术报告获得报酬，标志着他的研究成果得到更多的国际认同。随后，张钹前往瑞士苏黎世联邦理工学院的自动化与工业电子学院，受 W. Schaufelberger 教授邀请进行学术交流。两人曾在清华大学有过学术合作，此次访问进一步加深了交流。这一系列的国际访问，让张钹对欧洲人工智能的发展有了更深入的了解，也为中国人工智能研究与国际接轨奠定了基础。

1987 年 8 月 22—28 日，张钹和刘叙华代表中国学术界参加了在意大利米兰举办的第 10 届国际人工智能联合会议。此后，张钹多次受邀参会，包括 1989 年在美国底特律举办的第 11 届、1991 年在澳大利亚悉尼举办的第 12 届、1995 年在加拿大蒙特利尔举办的第 14 届，以及 1997 年在日本名古屋举办的第 15 届。1989 年在底特律举办的会议上，张钹与张铃一同参会，并由张钹作了关于运动规划的研究报告。刘叙华因研究方向相近，也常与张钹一同参加国际会议。由于刘叙华的英语相对较弱，与英文流利的张钹同行，让他倍感安心。

1988 年 8 月，张钹应托马斯·洛萨诺 - 佩雷斯（Tomás Lozano-Pérez）教授的邀请，访问美国麻省理工学院人工智能实验室并作学术报告。麻省理工学院在人工智能领域长期处于世界领先地位，其研究人员普遍具有很强的学术自信，很少邀请发展中国家的学者前来交流。然而，张钹的研究成果得到了该校师生的高度肯定，他的报告引发了热烈讨论，其中 Brooks R. 教授更是与他进行了深入交流，并建立了长期的学术联系。多年后，Brooks R. 教授投身商业，专注于扫地机器人研发，并于 2012 年前后在中国长沙创办工业机器人企业，张钹受邀担任该企业的顾问。1990 年 10—11 月，张钹受德国著名机器人专家 Ulirich Rembold 教授的邀请，访问德国卡尔斯鲁厄大学（现为卡尔斯鲁厄理工学院）。此次出行，他还应 P. Gaspart 教授的邀请，前往比利时布鲁塞尔大学进行学术交流。1992 年 5 月，张钹与张铃一同赴法国尼斯，参加 IEEE 机器人学与自动化会议。会议结束后，张钹受 G. Giralt 教授邀请，访问了位于图卢兹的法国国家科学研究中心系统分析与体系结构实验室。

除了高校，许多国际知名企业也慕名而来，与张钹展开交流与合作。1995 年，德国戴姆勒–奔驰公司研究院智能辅助驾驶研究部主任率团访问清华大学，并参观了设在西主楼一区四楼的智能技术与系统国家重点实验室。作为实验室主任，张钹热情接待了来访人员，详细介绍了实验室的研究方向和成果。在交流过程中，针对德方对智能车辆技术的兴趣，张钹安排博士毕业不久的王宏在 SUN 工作站上演示了基于地图的智能车路径规划与导航系统。该系统是国家"863"计划和国防科工委预研资助项目的一部分。德方研究人员对仿真演示印象深刻，研究部主任当场表示希望与清华大学在该领域展开深入合作，并邀请计算机系的研究人员前往德国进行合作研究。1996 年 8 月，王宏受邀赴德国埃斯林根的戴姆勒 – 奔驰公司研究院进行了为期一年的访问研究。他主要参与了智能车辅助驾驶系统的研发，建立了一套智能车路径规划与导航系统，并完成了相关的研究报告和仿真系统。1997 年 7 月，张钹应邀访问德国，先后到戴姆勒 – 奔驰公司研究院及位于乌尔姆的奔驰公司研究中心，作学术报告并进行技术交流。此后，戴姆勒 – 奔驰公司研究院多次派遣高级管理和技术人员来华访问，并到清华大学进行学术交流。到 20 世纪 90 年代后期，在张钹的推动下，智能技术与系统国家重点实验室与戴姆勒 – 奔驰公司研究院在智能车领域的合作已初见成效。2001 年 6 月 27 日至 7 月 1 日，张钹访问日本富士通公司在东京、横滨和金泽的分部，考察其在计算机制造领域的先进经验。

中年转行，投身新的研究领域，又在较短的时间内就在国际人工智能界崭露头角，并且成果接连涌现，这主要归因于张钹及弟弟张铃的刻苦钻研和忘我工作。由于张钹和张铃分别在北京和安徽工作，平日里面对面交流的机会较少，因此在海外参会期间，他们格外珍惜相聚的时光，常常抓住机会讨论学术问题。同时，鉴于当时国内获取国外研究资料的渠道有限，张钹也充分利用出国访问的机会，查阅最新的研究动态。据智能与复杂系统控制专家王飞跃回忆，1995年张钹曾到他主持的亚利桑那大学机器人与自动化实验室访问。因王飞跃刚购置新房，便邀请张钹入住，方便一同前往学校。张钹对时间的珍惜与刻苦的研究态度给王飞跃留下了深刻印象："他常常一下车便直奔图书馆，一待就是一整天。我一直认为自己是个喜欢泡图书馆的人，但在张老师面前，只能自叹不如！"当时亚利桑那大学的人工智能专家系统研究者 Terry Bahill 教授也对张钹赞誉有加，他曾对王飞跃表示："张教授不同于一般的中国学者，他是一位真正严谨的学者，理论水平极高，研究深度令人敬佩，而且始终紧跟学术前沿。"不仅白天扎在图书馆里，甚至傍晚在王飞跃家附近的 Sabino Canyon 国家公园散步时，张钹与其讨论的话题仍不离学术。

除了个人受邀在国际上进行学术交流合作外，成为"863"计划智能机器人主题专家组成员后,张钹也跟随专家组积极参与国际学术活动,在借鉴国外先进经验的同时,也介绍中国的研究成果。1987年10月,他随"863"智能机器人专家组访问法国与比利时;1988年11月,随专家组赴法国凡尔赛参加世界机器人会议,并在法国展开为期两周的访问;1989年10月,与蒋新松教授一同赴日本东京,参加第20届工业机器人会议;1990年10月,随专家组前往丹麦哥本哈根,出席第21届工业机器人会议。通过这些学术活动,张钹对智能机器人领域的国际发展趋势有了更深刻的认识,不仅在理论研究方面不断取得突破,在技术应用上也有所建树。改革开放以来,他累计出国进行学术交流或参会80余次,这正是中国人工智能逐步走向国际舞台的缩影。

随着张钹在国际期刊上发表论文数量的不断增多,他的国际知名度也日益提升。1987年6月,他受邀担任英国施普林格出版公司期刊《人工智能和社会——人类与机器智能杂志》的顾问。同时,国外学者也通过各种渠道关注他的学术成果。在20世纪80年代,网络通信尚不发达,获取期刊论文的途径有限,除直接购买期刊外,最常见的方式便是向原作者索取论文副本。由于当时尚无电子邮件,学者们通常通过纸质信件请求论文,而为了节省成本，他们会购买专门印制的一种明信片，上面已预先打印好了"请求论文副本"的字样。自1984年起，张钹陆续收到来自全球各地的此类明信片，其中包括瑞士伯尔尼大学、古巴国家科学研究中心、加拿大魁北克大学、捷克斯洛伐克技术控制论研究所、波兰西里西亚工业大学、塞尔维亚诺维萨德大学、印度技术研究所以及阿根廷卡塞大学等。索取者身份各异，从本科生到教授皆有，其中一些学者甚至多次来信，希望获取张钹的最新研究成果。

然而，由于当时国际邮政通信效率较低，一封明信片从寄出到送达往往需要十几天甚至数月之久，许多寄信者的地址书写潦草，难以辨认。尽管张钹希望尽可能回复来信，与国外学者展开交流，但受限于客观条件，能够回信的数量依然有限。这些经历不仅反映了当时全球学术交流的现实情况，也折射出中国学者在人工智能领域逐步获得国际认可的历程。

张钹和张铃在国内外期刊上多次发表论文，提出了许多新的思路和方法。他们意识到，这些研究成果需要系统地加以总结，以专著的形式呈现给更广泛的学术群体。于是，两人开始整理已发表的论文，但很快发现，这些论文内容相对独立，缺乏系统性的关联。如何将这些理论进行整合，使其形成一个统一的框架？经过深入讨论，他们提出了"分层递阶"（hierarchy），也就是"粒度"（granularity）的概念，并借助数学中的商集和商空间，对"粒度"进行了严谨的定义，由此奠定了基于商空间的问题求解理论。在提出分层求解的 $SA*$ 算法和基于拓扑的运动规划算法后，张钹和张铃更加清晰地认识到，分层求解的方法不仅适用于特定领域，还具有广泛的普适性。粒度的概念可以形象地比喻为由不同层次的概念组成的球体。例如，"水果"可以看作是一个较大的概念球，它包含了苹果、桃子、西瓜等各类水果，而其中的"苹果"又可细分为红富士、阿克苏、嘎啦、黄元帅等更小的类别，就是细粒度。这种层次化的概念结构的建立，正体现了一个人类智能的重要特征——人们可以从不同粒度的角度观察和分析同一问题，并在不同粒度间自由切换，从而高效地进行问题求解。这一理论在实践中也有广泛的应用。例如，在电视机维修过程中，技术人员不会逐一检查成百上千个零件，而是先判断故障属于电源、高频放大、低频放大或屏幕显示等哪类主要部件，再逐步缩小范围，最终定位具体的故障零件。这是一种自上而下、由粗粒度到细粒度的解决问题方式。可在人口普查中，数据的分析则是相反的过程，先收集个体信息，如年龄、性别、民族、住址和健康状况，再逐步归纳统计不同地区和群体的健康状况，从细粒度推导出粗粒度的结论。这种多粒度计算（简称粒计算）正是计算机模仿人类智能分层处理问题的方法，能够有效应对复杂且不确定的现实世界。为了让计算机能够模拟这一过程，建立相应的理论模型成为关键。

为此，张钹和张铃构建了"商空间"问题求解理论。"商"在数学中指的是除法所得的结果，在分层求解问题时，需要在不同粒度的空间之间进行转换。当从细粒度的空间转换到粗粒度空间时，意味着对信息进行归纳和简化，相当于数学上的"除法"，因而粗粒度空间可以看作是细粒度空间的"商空间"。基于这一数学模型，两人研究了不同粒度空间的表示、它们之间的转换方式以及如何降低计算复杂度，并由此提出了一系列不确定性处理、定性推理、模糊分析和证据合成等新原理和新方法。在理论框架初步确立后，张铃用几个月时间，基于两人的研究成果，整理出了一部近50万字的书稿。1990年，张钹和张铃的专著《问题求解理论及应用》由清华大学出版社出版，并于1992年10月荣获高等学校出版社优秀学术专著特等奖。随后，张钹将该书译成英文，于1992年由荷兰爱思唯尔出版社出版。1995

年,《计算机杂志》对该书的英文版进行了评论,认为这是"一部在重要研究领域具有高度影响力的著作"。普林斯顿大学人工智能专家 Harold S. Stone 教授评价说,张钹和张铃在统计启发式搜索等方面的研究是"近年来中国学者作出的重要贡献……将新一代计算技术的前沿向前推进了"。波兰科学院与华沙大学在阅读了张钹和张铃合著的英文专著后,多次邀请张钹前往波兰交流。2001 年他赴希腊参会,本想之后顺道前往波兰,但由于签证过期,未能成行。2003 年 9 月,应 Andrzej Skowron 教授邀请,张钹终于如愿访问波兰华沙大学,并作题为《问题求解的商空间理论》的学术报告,受到了 Skowron 团队的热烈欢迎。此后,这本专著不断完善,2007 年出版了中文第二版《问题求解理论及应用:商空间粒度计算理论及应用》。2014 年,英文第二版由爱思唯尔出版社与清华大学出版社联合出版,书名调整为《基于商空间的问题求解:粒度计算的理论基础》。

商空间理论的提出进一步确立了张钹与张铃在国内外人工智能学术界的地位。在国内,许多高校的硕士、博士研究生在研究相关问题时,都会将张钹和张铃的著作作为参考,并沿着他们的思路开展研究。武汉大学博士生关泽群在李德仁院士的指导下,1995 年撰写了博士论文《商空间下的遥感图像分析理论探讨》，论文大量运用了张钹和张铃的理论，并获得了第一届全国优秀博士论文奖。在国际上，张钹和张铃将数学方法引入人工智能，构建的基于商空间的问题求解理论被归入粒度计算领域的三大学派之一。当时，国际上在粒度计算领域较为活跃的研究团队主要包括：哈佛大学的美籍华人林早阳（T.Y. Lin）教授、加拿大里贾纳大学的姚一豫（Y.Y. Yao）教授、波兰科学院的 Zdzislaw I. Pawlak 团队，以及中国的张钹和张铃。在粒度计算领域，除了商空间理论，另两个重要理论分别是模糊集理论和粗糙集理论。模糊集理论通过引入模糊概念，在较"模糊"的粗空间中处理问题；粗糙集理论则侧重将精细的空间转化为较为"粗糙"的粗空间，并在这一层面进行求解。相比之下，模糊集理论和粗糙集理论更偏向单一粒度计算，而商空间理论则强调多粒度计算。这三种理论从不同角度探讨粒度计算问题，在国际范围内均有广泛的研究者和支持者。

在张钹的推动下，清华大学于 2005 年主办了 IEEE 粒计算国际会议，将全球该领域的研究者聚集在一起。作为大会主席之一，张钹与学者们进行了深入的学术交流。此后，粒度计算相关的国际会议逐渐成为年度学术活动。张钹曾对学生们说："做学问要有长远的眼光，至少让你的研究在十年后依然受到关注，这样才算有价值。"自1980年以来，张钹和张铃围绕粒度计算展开研究，而30多年后，这一领域依然在持续发展，充分说明了其学术价值和理论生命力。商空间理论成为二人长期合作的代表性成果，并极大地推动了中国在粒度计算领域的研究进展。他们后来获得的诸多重要学术奖项，也与这一理论密切相关。1995年12月，"人工智能问题分层求解理论及应用"荣获科技部颁发的国家自然科学奖三等奖。

进入20世纪90年代，张钹在人工智能理论研究方面的另一个重要贡献是人工神经网络研究，这同样是与张铃合作取得的成果。人工神经网络自人工智能诞生之初就被提出，作为符号主义方法的对立面——亚符号方法。然而，由于早期发展较慢，在20世纪80—90年代，并未受到广泛关注。张钹敏锐地意识到，神经网络方法是对传统符号主义人工智能的重要补充，因此主动收集大量资料，紧跟国际最新研究进展。他与张铃合作，将优化技术引入神经网络学习算法，提出了一种基于规划的神经网络学习方法。与传统方法自下而上的搜索方式不同，他们的方法采用自上而下的规划方式，在提高学习效率的同时，也改善了网络的学习性能。尽管后来许多学者也开展了类似的研究，但张钹和张铃是该领域的先行者之一。与其他人主要研究无反馈的前向神经网络不同，他们聚焦于反馈神经网络，并以"吸引子半径最大化"作为优化目标。这一思路与俄裔美籍学者弗拉基米尔·万普尼克（V.N. Vapnik）提出的"分类边界裕度最大化"理论有异曲同工之妙。此外，他们的一篇研究论文探讨了概率逻辑神经元（Probabilistic Logic Neuron, PLN）网络所生成的分形图，其中涉及的内容与现今流行的生成式网络问题存在相似之处。尽管这些前瞻性的研究成果先后发表在 *IEEE Transactions on Neural Networks* 等国际顶级期刊上，但由于当时国际学术交流渠道有限，并未产生应有的影响。1997 年，张钹和张铃将他们在神经网络领域的研究成果整理成专著《人工神经网络理论及应用》，由浙江科学技术出版社出版，并被收录进《智能自动化丛书》。1999 年 10 月，该丛书荣获第四届国家图书奖，以及全国优秀科技图书奖暨科技进步奖（科技著作）一等奖。凭借在人工智能领域的卓越贡献，张钹于 1985 年担任中国自动化学会机器人专业委员会副主任，1999 年出任智能自动化专业委员会主任。1991 年起，他被推选为《计算机学报》副主编，并一直担任该职务至 2009 年。

这些成就的取得，离不开张钹在科研道路上的笃定、勤奋和孜孜以求的探索精神，同时也少不了家人的默默奉献与支持。1987 年，妻子李幼龄被确诊患上肺癌，在当时的医疗条件下，这几乎是不治之症。彼时，张钹正忙于筹备重点实验室的建设，同时还要照顾病重的妻子，承受着巨大的压力和困难。1989 年 7 月，李幼龄因病去世，这一沉重的打击让张钹倍感痛苦。回顾自己的学术生涯，他深知妻子对家庭的操持是自己能够专注科研的重要保障，每每想起往昔，心中总难掩愧疚。然而，令他欣慰的是，两个子女自立自强，且十分优秀。儿子张淮天资聪颖，从小成绩优异，高中就读于清华大学附属中学，并在全年级名列第一。1986 年，他被保送至清华大学计算机系，与父亲成为同校同系的师生。在清华大学计算机系，学校将年级中成绩最优异的 12 名学生组成一个理论班，与同届的少年班共同学习，张淮凭借优异的成绩入选其中，这让张钹感到由衷的自豪。女儿张理则赴美国攻读大学，并顺利获得学士学位。在子女的陪伴下，张钹逐渐走出失去亲人的伤痛，也开始意识到，孩子们需要一个完整的家庭，而自己同样需要一个能够理解并支持他事业的伴侣。

1991 年 10 月，张钹与房景萩结婚。房景萩是清华大学 1962 届校友，时任北京市计算机技术研究所总工程师，教授级高级工程师，并享受国家特殊津贴。她的前夫同样因癌症去世。相似的学术背景与生活经历让两人产生了共鸣，彼此理解，相互扶持，最终走到了一起。婚后，房景萩在生活上给予了张钹无微不至的照顾，在事业上也给予了坚定的支持，使他重新拥有一个温暖的家庭，并以更加饱满的热情投入科研工作中。1991 年，张钹与哥哥张铙、弟弟张铃、张锻相约回到家乡福州，与居住在当地的大姐张玖、五姐张璓团聚。这是兄弟姐妹自 1963 年以来，时隔近 30 年的一次重聚（因地理原因，另两位姐姐和妹妹未能到场）。大家围坐在一起，畅谈往昔，重温这份久别重逢的亲情。

院士之路

在张钹结束访学回国后的十几年里，他在个人学术研究和清华大学学科建设方面不断突破，为中国人工智能的发展贡献了重要力量，使部分研究领域达到了世界先进水平。回顾 20 世纪八九十年代中国人工智能的发展历程，张钹最为看重自己参与的两项工作：一是推动建立了智能技术与系统国家重点实验室，为国内人工智能研究夯造了坚实的科研平台；二是协助清华大学组建了一支高水平的科研团队。

尽管已经取得了显著的成绩，但科研的步伐不能停歇，更不允许停歇。正当清华大学智能技术与系统国家重点实验室建成，计算机系人工智能学科团队初具规模，大家准备全力投入研究之际，20 世纪 90 年代初，人工智能研究却迎来了低谷期。受限于算法和计算机算力的发展速度，人工智能进入"寒冬"，国内外对这一领域的信心大幅下降，质疑之声不绝于耳。许多海外研究机构相继缩减甚至终止人工智能的相关研究，国内高校也面临着同样的困境。团队成员承受着巨大的压力，一些人选择转行。然而，外界的动荡并未动摇张钹的决心，他依旧坚定如初，选择迎难而上。这位将人工智能引入中国的先行者，再次展现了他的坚持与执着。他常说："人工智能不可能毕其功于一役，它最大的魅力就是永远在路上。"在同事和学生眼中，张钹是一面"旗帜"，无论面对困难、狂热还是浮躁的环境，他始终保持冷静，坚定前行，并引领着团队从未停步。

然而，仅有信念和毅力并不足以支撑研究的持续推进，科研的长远发展，尤其是理工科领域，离不开稳定的经费支持。如何获得研究资金，成为张钹和团队必须解决的首要问题。幸运的是，国家重点实验室的前期努力开始显现成效。由于连续在实验室评估中获得"优秀"评级，实验室每年都能够获得国家提供的上千万元运行经费，这笔资金在人工智能寒冬期尤为宝贵，使清华大学的人工智能研究相比国内其他高校更为从容。此外，张钹成为"863"计划智能机器人主题专家组成员，清华大学计算机系当选"863"机器人主题组长单位，这都使得团队通过申请"863"计划的科研项目，进一步拓宽了资金来源。早在1984年，张钹就在 *IEEE Trans. on PAMI* 上发表论文，探讨规划问题的研究思路。因此，他将这些方法和理念应用到了"863"计划中的移动机器人运动规划项目，而实验室的其他教师也结合自身研究领域，积极申请相关项目。从1991年开始，张钹与实验室团队每年成功申请到多个科研项目，包括"863"计划自动化领域"八五"课题研究、国家基础研究和应用基础研究重大项目、攀登计划、国家自然科学基金等。作为智能技术与系统国家重点实验室主任，张钹负责多个核心项目，研究内容涵盖人工智能的多个关键领域：在智能机器人方面，团队研究交互式机器人装配规划系统、移动机器人定位导航及规划；在人工神经网络领域，探索人工神经网络新机制及其实现技术，研究逻辑与感知信息的描述与集成；在理论研究方向，则涉及包容体系结构、任意时间的实时任务规划技术等。这些研究方向的广泛布局，离不开清华大学计算机系人工智能团队的长期建设，也得益于张钹等人在20世纪80年代的持续钻研和学术积累，因此使团队在项目申请时能够脱颖而出，获得资助，从而助力清华大学人工智能领域的研究工作持续进行，保持学术活力。

多年后，张钹翻阅当年的项目申请书时感慨道："从今天来看，这些项目的经费并不多，最少的只有几万元，最多的也不过20万元，但在当时，这已经是相当可观的数目。20世纪90年代后，人工智能研究陷入低潮，大多数学校没有项目可做。我们能够坚持下来，一方面得益于国家重点实验室的支持，另一方面是因为我们前期的研究积累，所以能获得国家自然科学基金和'863'计划的资助。这些申请书不仅是当年科研工作的见证，也是我们得以坚持下去的原因。"在张钹担任实验室主任的六年间，智能技术与系统国家重点实验室的科研经费总额达 2580 万元，其中国家项目资金占比 77.3%，科研经费逐年递增，从最初的每年 200 万～300 万元，增长至 1996 年的 800 万元。科研的寒冬终将过去，新的春天即将到来。在人工智能领域最艰难的时期，张钹与清华大学计算机系始终坚持探索，从未停步，厚积薄发，他们的努力也为中国在人工智能快速发展时代的脱颖而出积蓄了强大的能量。

张钹在人工智能领域的卓越贡献受到了国内外学术界的高度关注，他在业界的声誉与日俱增。20 世纪 80 年代，他的学术交流主要集中在西欧和北美。1993 年，俄罗斯自然科学院院士、模糊逻辑与模糊控制专家 A.N. Melikhov 教授访问中国，寻求科研合作。Melikhov 教授任教于无线电工程学院（现为塔甘罗格国立无线电技术大学），此行的主要目的是在自动控制与模糊控制领域与中国学者建立合作。抵达中国后，他首先结识了冯纯伯教授（中南大学教授，自动控制专家，曾留学苏联，1995 年当选中国科学院院士）。在深入交流后，冯纯伯认为，若要寻求高水平合作，清华大学及张钹无疑是更为合适的选择，于是便向 Melikhov 教授推荐了张钹。Melikhov 教授随即前往北京，与张钹就合作事宜展开讨论。其间，张钹安排 Melikhov 教授作了一场关于模糊逻辑与模糊控制的学术报告。通过这次交流，张钹发现 Melikhov 教授的研究理论较为深入，但整体而言，与国际前沿仍存在一定差距。同时，Melikhov 教授也对清华大学计算机系的研究环境及张钹的学术成果有了更深入的了解，当即表达了合作的意愿。

合作开展后，Melikhov 教授对张钹的学术能力和研究水平十分欣赏，主动提议推荐他成为俄罗斯自然科学院外籍院士，并积极整理相关材料进行申报。1993 年 6 月底，张钹与同事石定机应邀访问莫斯科大学和圣彼得堡大学，这是他首次访问俄罗斯。经过 Melikhov 教授的积极推荐，1994 年 11 月 23 日，俄罗斯自然科学院信息与控制论学部正式选举张钹为外籍院士，他由此成为俄罗斯科学院中国籍院士之一，而冯纯伯教授同年亦获此殊荣。俄罗斯自然科学院外籍院士的当选，不仅授予证书，还会颁发院士证件。然而，由于工作原因，张钹未能立即赴俄领取证书。一年后，他邀请 Melikhov 教授来京商讨后续合作，Melikhov 教授希望能邀请俄罗斯自然

科学院副院长 Dmotri S. Chereshkin 一同前来，张钹欣然
同意。1995 年 11 月 1 日，两位俄罗斯专家在清华大学
特地为张钹举行了院士证书颁发仪式。张钹对此荣誉十
分珍视，将证书和证件悉心珍藏。1996 年 9 月，张钹偕
同妻子房景莪、弟弟张铃，应 Melikhov 教授邀请，再次
访问俄罗斯，在莫斯科与塔甘罗格，与当地学者展开深
入学术交流。然而，令人惋惜的是，1998 年，Melikhov
教授因心脏病突发去世，两人的合作不得不中断。

　　成为俄罗斯自然科学院外籍院士的翌年，中国科学
院也正值两年一度的院士增选工作。当时，院士评选分
为两种推荐渠道：单位推荐（包括教育部推荐和中国科
学技术协会推荐）以及院士推荐。鉴于张钹在人工智能
领域的卓越成就及其对清华大学学科建设的贡献，清华
大学决定推荐他参选。当时，张钹在两种渠道均获得了
推荐。除教育部和中国科协的推荐外，还有四位院士联
名推荐，分别是李衍达、卢强、高庆狮和戴汝为。多方
的支持充分体现了学术界对张钹工作的高度认可，而他
也在院士评选中首次参选即顺利通过。1995 年 11 月 3 日，
张钹正式当选为中国科学院技术科学部院士。喜讯传来，
媒体报道、学校宣传、同事祝贺，一时间，张钹成为清
华园内的焦点人物。然而，面对这一荣誉，他自己却表

现得异常平静："我们不能拿院士这样的头衔来吓唬人，也不能因为当了院士就自高自大。科学研究是永无止境的，我还有很多事情要做。"确如张钹所说，他继续专注于人工智能的教学与科研，在这一领域持续深耕。

1997 年 3 月，为解决国家战略需求中的重大科学问题，并推动对世界认知具有重要影响的科学前沿研究，我国正式颁布了《国家重点基础研究发展计划（"973"计划）》。人工智能作为前沿领域，当然要抓住这一契机。张钹敏锐地意识到，这是推动人工智能学科发展的重要机遇，科技部也鼓励相关学者积极申报。于是，张钹即组织实验室的教师们共同撰写项目申请书。当时实验室的副主任马少平回忆：张钹与团队成员多次探讨人工智能的国际国内发展方向，精心构思研究课题。为了确保方案的科学性与前瞻性，张钹还多次前往图书馆查阅资料。马少平说："1998 年春节，我放假期间打算借本小说，正月初五去学校图书馆。这天是图书馆假期后的第一天，本以为不会遇到什么人，没想到张钹老师已经在那里查资料。我上前打招呼，他告诉我，他整个春节期间都在思考项目申请的事，所以图书馆一开门就来了。"张钹的敬业精神深深感染了实验室的同事，大家全力投入申请书的撰写中。当时，由于"973 计划"

刚刚启动，学界对申报流程尚不熟悉，大家只能摸索前行。张钹与同事们投入了大量精力，精心打磨申请书，并最终提交给科技部。他们在申请书中提出的核心思想是：人工智能的发展需要从"信息的形式"处理转向"信息的内容"处理，而实现这一转变的关键在于信息内容的表示问题。这一观点新颖且具有前瞻性。尽管科技部尚未明确评审标准，但计算机与人工智能领域的评审专家在看到申请书后十分兴奋。有专家评价道："什么是'973'？张老师的这本申请书就是'973'。你们应该按照这个样子来做！"由于申请书的文案撰写得十分出色且具有创新性，科技部特意将张钹团队的申请书复印分发给其他团队，供大家学习。然而，因为项目思路过于超前，风险较大，最终未能立项。尽管如此，这次申请充分展现了中国学者提出创新思想的能力。

张钹的严谨治学和卓越的学术能力更是得到了学校的高度重视。1998年、2002年和2003年，他三度当选为清华大学计算机系学术委员会主任，任期长达近十年。2000年10月31日，清华大学校务会议决定，任命张钹为第七届学位评定委员会副主席。

当选中国科学院院士后，张钹的国际学术交流更加频繁。1998 年 8 月 28 日至 9 月 7 日，他赴奥地利维也纳和匈牙利布达佩斯，参加世界计算机大会并作学术报告。1999 年 11 月 14 日至 22 日，他在墨西哥世界计算机大会上作大会特邀报告，会议期间与多位人工智能领域的专家深入交流，并参加了大会组织的学术考察活动。2002 年，韩国科学技术院（KAIST）邀请张钹组织访问团，赴韩国参加清华 –KAIST 联合研讨会，讨论学科方向涵盖脑科学与人工智能等前沿领域。最终，张钹率领一支 5 人访问团（成员包括史元春、朱仲涛、帅典勋和徐明星）参会，此行所有费用由韩方承担。2004 年 8 月，张钹受姚期智教授邀请，赴美国普林斯顿大学进行两周的学术访问。2008 年 4 月，他又随清华大学信息学院代表团访问美国加州大学，进一步加强了国际合作与学术交流。

在科研方面，张钹及其团队持续取得重要突破。他参与的"军用地面机器人"项目斩获多个国家级奖项，包括 1998 年荣获国防科工委科技进步奖一等奖、1999 年获国家科技进步奖三等奖、2002 年获国防科学技术奖二等奖。由于在"863"计划中的突出表现，尤其是在智能机器人领域的卓越贡献，张钹于 2001 年被授予"八六三计划"先进个人和先进工作者称号。2009 年，张钹筹备并成立了清华大学"认知与神经计算研究中心",汇聚了清华大学信息学院、医学院、心理系等多个学科的知名教授,共同推进交叉学科研究,并亲自担任中心主任。在学术研究方面,他始终保持高产,每年都会在国内外期刊发表论文,总发表量已超过200篇(包括合作论文)。张钹曾说:"我在80岁之前,每年都要争取写一篇论文。"这种严谨治学的态度和高度自律,是他取得学术成就的重要因素之一。除了学术论文,张钹在著作编写方面也贡献良多。除前述的三部专著外,他还参与编写了多本学术书籍,包括与张铃合著的《计算智能——神经计算和遗传算法技术》(收录于陆汝钤主编的丛书《世纪之交的知识工程与知识科学》),以及与孙增圻、孙富春合著的《机械手神经网络稳定自适应控制的理论与方法》。此外,他还主编了《英汉多媒体技术辞典》,为该领域提供了重要的参考资料。

鉴于张钹的学术成就,在国际上,除当选俄罗斯自然科学院外籍院士外,他还在2011年获颁德国汉堡大学自然科学荣誉博士,这是他学术生涯中另一项重要的国际殊荣。早在2003年,清华大学计算机系便与德国汉堡大学建立了科研合作关系,这一联系的建立,与张钹的研究生张建伟密不可分。张建伟硕士毕业后前往德国攻读博士，随后留任汉堡大学，并促成了两校在人工智能领域的合作。为了推动学术交流，2003—2006年，每年夏天，张钹都会赴德国进行为期一个月的研究。在他的努力下，清华大学计算机系成功申请到中德联合博士生培养项目"自然与人工认知系统跨模型交互研究计划参加者"（Cross-model Integration in Natural and Artificial Cognitive Systems，CINACS），该项目在2006—2015年培养了近百名人工智能领域的博士。同时，张钹严谨治学的态度及超高的学术水平，也给德国学界留下了深刻印象。

2011年，德国汉堡大学启动了自然科学荣誉博士授予计划。得知这一消息后，张建伟立即向学校推荐张钹。不过，荣誉博士的评选并非仅因学术合作关系即可轻松获得，推荐人必须提交完整的学术材料，由德国汉堡大学组织国内外专家评审，确保候选人达到相应的学术标准和贡献要求。张建伟为此专门向张钹征集了5篇代表性论文，经过严格评审，最终张钹于2011年11月18日正式被授予德国汉堡大学自然科学荣誉博士。这一天，恰逢德国汉堡大学计算机系成立40周年庆典，学校特意在庆典期间安排了隆重的授予仪式，由计算机系主任Horst Oberquelle教授为张钹颁发荣誉博士证书。仪式上，张钹还作了一场半小时的学术报告，向与会专家分享他的研究成果。值得一提的是，德国汉堡大学在信息科学与数学领域，仅授予过 5 位学者荣誉博士，评选标准极为严格，张钹是其中唯一的亚洲学者。张钹能够跻身这一名单，不仅彰显了其学术地位，也进一步证明了他在国际人工智能和计算机科学领域的影响力。

在张钹的学术生涯中，弟弟张铃的贡献至关重要。多年来，兄弟二人共同钻研学术，取得了一系列重要成果，而张铃自身的研究也同样得到了学术界的认可。1984 年，张铃担任安徽省计算机协会副理事长，两年后，在安庆师范学院由讲师破格晋升为正教授。1991—1993 年，他先后担任安庆师范学院副院长、院长，并在 1993 年调任安徽大学，成为博士生导师，引领着该校计算机应用技术学科的发展。2002 年，教育部组织全国计算机应用技术学科评审，评选出 7 个国家级重点学科，全国各高校竞争异常激烈。张铃代表安徽大学参与答辩，面对清华大学、北京大学、浙江大学等名校的竞争，他和团队成员凭借扎实的研究基础和丰硕的科研成果，使安徽大学计算机应用技术学科成功入选，这一突破性成就极大提升了安徽大学在计算机领域的学术地位。安徽大学的计算机应用技学科之所以能在强手如林的竞争中脱颖而出，正是因为张铃等学者长期深耕基础研究，并注重数学方法在计算机理论中的应用，为学科的发展奠定了坚实基础。在学科建设之外，张铃曾担任安徽大学计算机系主任，推动计算机学科的理论研究和应用发展。他的学术成就也得到了广泛认可，1999 年获安徽省自然科学奖二等奖，2003 年获安徽省科学技术奖二等奖。此外，他自 1985 年起连任四届安徽省政协委员，并被评为安徽省劳动模范。在学术交流方面，清华大学、浙江大学、同济大学以及中国科学院合肥智能机械研究所等机构先后聘请张铃为客座教授，以推动相关领域的研究合作。截至 2021 年，计算机应用技术仍是安徽大学的优势学科，并成为学校仅有的两个国家级重点学科之一。尽管张铃已光荣退休，但他所奠定的学科基础和培养的团队依然推动着安徽大学计算机学科的持续发展，使其在学术界保持竞争力。

"路漫漫其修远兮，吾将上下而求索"。科学探索的道路漫长且充满挑战，但张钹从未停下脚步。每当登上一座科研高峰，他并未因荣誉而满足，而是继续向新的学术高地迈进。作为一名真正的科研工作者，他始终怀有探索的热情，向科学的未知领域不断前行。

厚德载物

"国之所需，吾辈所向"。回顾张钹的学术生涯，无论是前期在自动控制领域耕耘的二十年，还是后来投身计算机应用技术与人工智能研究，他的事业轨迹始终与国家的发展需求紧密相连。在他身上，体现出对国家富强和人民幸福的责任感和使命感。他始终坚信，知识和科学对国家、对社会、对人民一定是有益的。这份信念，贯穿了他的一生。

早在清华大学求学时，张钹便立志成为一名"红色工程师"，为祖国的建设贡献力量。步入教师岗位后，"科技报国"的理想从未改变。他不仅高质量完成科研任务，还主动开拓新方向，带领学生攻克技术难题。在他的努力下，人工智能学科在清华大学逐步扎根，并取得丰硕成果。然而，他的贡献并不仅限于清华。"达则兼济天下"，当他在人工智能领域取得突破后，他开始帮助其他高校发展相关学科。格局决定高度，他深知，只有全国高校整体科研水平得到提升，才能真正推动国家科技实力的进步。而对于这样的事情，他每每都会全力以赴。20 世纪 90 年代末，院士在高校兼任教授较为普遍，他们通过讲座、课程或专业指导等方式，与高校形成合作关系。但由于兼职学校众多，部分院士在某些学校的投入较浅，难以形成长远影响。张钹在当选中国科学院院士后，也收到了多个高校的邀请。不过，他认为如果不能投入足够精力，学科建设就难以取得实质性进展。因此，他始终坚持"答应的事，就要认真做好"的原则，慎重选择合作高校，并确保每一项工作都能落到实处。

2004年，清华校友张海涛向清华大学计算机系求助，希望能为河南科技大学的学科建设提供支援。当时，河南科技大学刚由多所专科学校合并而成，整体实力较弱。得知情况后，时任清华大学计算机系党委书记杨士强毫不犹豫地表示："只要张钹老师去了，这个问题就能解决。"面对这样的需要，张钹没有犹豫，欣然接受邀请。2004年10月25日，他正式受聘为河南科技大学兼职教授、共享院士，并担任信息工程学院名誉院长。到任后，张钹迅速着手与信息工程学院院长普杰信商讨学科发展方向。他认为，真正有效的帮扶，不只是传授知识，而是要培养一支可以自主发展的团队。他说："我无法长期驻校工作，如果仅依靠个人力量，作用是有限的，学科建设必须依靠本地队伍。"因此，他的首要目标是培养一支稳定的科研团队，让他们具备长期发展的能力。但是，团队成立后，又面临缺乏研究课题的困境。张钹与普杰信深入探讨后，决定结合洛阳的地域特色，将研究方向聚焦于龙门石窟的数字化保护。随着科技的进步，石窟保护已不仅仅是防风化和侵蚀，更重要的是通过数字化手段为未来的修复提供精准的数据支持。为推动该项目，张钹亲自与洛阳市领导沟通，阐述数字化保护的意义，最终赢得市政府的支持。在这一研究方向上，河南科技大学团队取得了一系列重要科研成果。此外，为了提升团队成员的科研能力，张钹还安排他们赴清华大学进修，其中霍华曾在他的研究组完成了两年博士后研究。在张钹的指导下，河南科技大学的学科建设取得长足进展：2006年，计算机应用学科获批河南省"重中之重"重点学科，学院建立智能技术与系统河南省重点学科开放实验室。2011年，信息工程学院获批计算机科学与技术、控制科学与工程、信息与通信工程三个一级学科硕士学位授权点，并均被评为河南省重点学科，其中计算机本科专业入选国家级特色专业。2013年，控制科学与工程学科获批一级学科博士学位授予权。2019年，该学科获批国家国防特色学科，并进入ESI（基本科学指标数据库）全球前1%。这些成绩的取得，与张钹的精准帮扶和长期指导密不可分。他不仅帮助河南科技大学建立学科体系，更为其打造了一支具有可持续发展能力的科研团队。这在提升了河南科技大学的整体学术实力的同时，也推动了区域高等教育的发展。

2004 年，张钹受厦门大学校长陈传鸿邀请，担任兼职教授，协助提升厦门大学计算机学科的整体实力。在他的助力下，厦门大学于 2009 年成功获批博士学位授权点。同样，他的学术影响力也延伸至山西大学。自 2007 年起，他受聘为该校计算智能与中文信息处理教育部重点实验室的兼职研究员，并先后担任实验室学术委员会主任（2007—2016 年）和学术委员会委员（2017 年至今）。此外，自 2015 年起，他受聘为上海交通大学兼职教授，与吕宝粮教授合作，为智能交互与认知工程上海高校重点实验室的建设提供重要指导和支持。在他的帮助下，各高校的多位学者都建立了自己的科研团队，包括烟台大学的陈守孔、厦门大学的李堂秋、山西大学的李德玉。这些团队与张钹始终保持联系，并对他的帮助心怀感激。他们的成长不仅提升了各自所在高校的科研水平，也促进了人工智能学科在全国范围内的蓬勃发展。正如张钹所言："一花独放不是春，百花齐放春满园。"他的工作，让人工智能领域在全国高校遍地开花。

在涉及国家发展的科研工作上，张钹始终投入大量精力。作为国家"863"计划智能机器人主题专家组成员，他专注于人工智能在机器人领域的应用研究，同时也从实践中提炼出新的理论问题。他在理论与应用之间不断探索，使两者相辅相成，推动技术进步。1993年12月，他主持研究的"机器人规划理论及其控制技术"荣获电子工业部科技进步奖一等奖，这一成果在国内外学术界产生了深远影响。2012年，为促进我国北斗导航系统的应用，中国卫星导航定位协会成立了专家委员会，负责评审优秀应用项目并颁发科技奖项。由于评审需要人工智能领域的专家，张钹受邀成为委员会成员。尽管他在委员会中资历颇深，但他始终严谨负责，一丝不苟。他深知，推动技术应用是新技术发展的关键，因此，每次评审会议他都会亲自参加，并认真发表意见。2020年9月，他因在北斗系统推广中的贡献，获得中国卫星导航定位协会成立25周年卓越贡献奖。尽管他并非该领域的专家，但他的付出无愧于这一荣誉。

虽然从18岁便离开家乡，但福建始终是张钹心中的牵挂。事业有成后，他也一直关注家乡的教育事业，并积极贡献自己的力量。自1983年起，他便与福建省高校保持着密切联系，总结起来，张钹觉得自己对家乡最重要的贡献有两项：人才培养和学科建设。2001—2005 年，张钹所在的智能技术与系统国家重点实验室与福建省高校建立合作关系，实施高校骨干教师进修计划。该项目支持福建省高校教师前往实验室进修，时间从半年到两年不等，以提升福建高校人工智能学科的师资力量。五年间，共有 40 多位教师参加进修，其中福州大学人数最多，其他院校包括福建师范大学、华侨大学、闽江学院等。这些进修教师年龄大多在 40 岁左右，并已有副教授职称，因此，回到原学校后，他们迅速成为人工智能相关学科的重要学术骨干。为了提高他们的教学和科研能力，张钹为进修教师设定了两个主要任务。一个是教学方面，他鼓励教师了解清华大学的教学模式，并建议他们旁听两类课程：一类是精品课，帮助教师学习清华的优质教学方法，提升课堂教学能力；另一类是与自身研究方向相关的研究生课程，如人工智能、计算机视觉等，以拓宽学术视野，提升专业素养。另一个是科研实践，智能技术与系统国家重点实验室承担着多个国家级重要项目，研究内容处于学术前沿。张钹希望进修教师能参与科研工作，从而深入理解国家科技发展的重点方向。他认为，科研经验不仅能提高学术水平，也能帮助教师更好地把握国家的研究需求，从而在回校后明确科研方向。由于福建高校人工智能相关学科的发展相对滞后，教师们此前在申请项目和经费上遇到诸多困难。在清华大学进修期间，他们获得了宝贵的研究经验和技术储备，因此回校后能够更精准地申请省市科研项目，从而推动高校科研工作的提升。许多进修教师日后成长为院系主任、院长，甚至副校长，在各自的学校发挥了重要作用。事实上，张钹对福建高等教育的支持早在 20 世纪 90 年代末便已展开。在他的推动下，福州大学与清华大学达成合作，福州大学的教师可以前往智能技术与系统国家重点实验室攻读博士学位，完成学业后回校任教。叶少珍便是其中的受益者，他在张钹指导下完成博士学位，回到福州大学后，曾担任数学与计算机科学学院副院长。此外，每当有机会，张钹都会回到福建，传播科学思想，推动学术交流。2014 年，福建省委教育工委、省委宣传部等八部委联合发起"走近名家，走近经典，走近科学"系列活动，张钹率先在福建工程学院发表了题为《科学精神，科学创新与大学生人文精神提升》的专题报告，受到师生热烈欢迎。

20 世纪 70 年代以前，福建省因地处前线，经济发展相对滞后。尽管当地人才众多，但由于产业基础薄弱，许多优秀的大学毕业生难以在福建找到合适的就业机会，因此大多选择赴外地发展。张钹便是其中之一。尽管长期在外工作，他却始终关心着家乡的建设，时刻思考如何为福建的产业升级贡献力量。改革开放为福建带来了新的发展机遇，也为外地人才回馈家乡提供了更广阔的空间。20 世纪 80 年代，清华大学计算机系建立智能机器人实验室，在引进机械臂 PUMA560 的过程中，曾与福建省计算机技术研究所合作，并利用福建对外开放的政策优势，共同开展机器人研究。虽然由于当时的技术条件限制，这一计划未能完全实现，但张钹与福建的学术界建立了密切的联系。与此同时，福建省各级政府也十分重视人才引进，希望借助闽籍专家的专业优势推动地方发展。

2001 年，福建省启动了"闽籍院士团八闽行"活动，邀请福建籍院士和专家深入高校与企业调研，建言献策。截至 2002 年，福建籍两院院士的总数在全国仅次于江苏和浙江，其中许多人都是我国现代科技领域的重要开拓者和奠基人。张钹对此活动大力支持，并多次参与。2001 年 9 月 6 日，厦门市举办"科教兴市"院士

座谈会，作为"闽籍院士团八闽行"的首站。会上，张
铰提出"厦门应当以软件和集成电路为核心发展电子信
息产业，重点发展应用软件"的建议，为厦门的科技产
业方向提供了重要参考。作为福建省和厦门市政府的科
技顾问，他积极推动福建战略性新兴产业与高端产业的
对接，助力海峡两岸高新技术产业带的建设。2010 年 5
月，张铰在福建伊时代科技信息有限公司签约设立福州
市首家院士工作站，开展互联网视听节目监管系统、互
联网内容监管及取证系统等项目的研发，为福建信息技
术产业的发展提供了技术支持。2014 年 5 月 25—28 日，
他主持第十届中美工程技术研讨会——海峡两岸工程技
术研讨会，协助邀请并组织中外专家，为两岸科技合作
搭建交流平台。2015 年 4 月 17 日，由清华大学、台湾
新竹清华大学和厦门市政府联合建设的清华海峡研究院
及清华海峡研究院人工智能研究中心在厦门火炬高新区
正式揭牌。作为清华校友总会人工智能产业联盟理事
长，张铰亲自挂帅，出任研究中心主任。他希望通过
整合清华大学的学术资源，联合产业力量，共同推动
中国人工智能产业的发展壮大。福建省政府对闽籍专
家的贡献高度重视。2009—2012 年，福建省驻京办每
年都会组织在京的院士和专家召开座谈会，邀请省委

书记卢展工、孙春兰等领导介绍福建的发展情况，并听取专家建议。每逢春节，福建省院士办还会特意寄送家乡特产水仙花，让远在他乡的专家感受到家乡的温暖与牵挂。

在福建省众多产业合作中，张钹对福耀集团的支持尤为重要。2015年，福耀集团率先在业内提出"将工业4.0落户福耀"的理念，并启动新一轮智能化升级，计划引入机器人、人工智能等前沿技术，提升生产线的科技含量。作为福清人，福耀集团董事长曹德旺早已听闻张氏家族的名声，对张钹也有所了解。面对这一战略布局，他第一时间想到了张钹，希望得到技术上的指导。2016年4月27日，张钹应邀到访福耀集团，为企业高管及员工代表作了《机器人与人工智能》的主题学术报告，并同意与福耀集团开展合作。当天，曹德旺亲自为张钹颁发福耀集团玻璃工程研究院高级顾问聘书。为了进一步推动合作，同年6月29日，福耀－清华院士工作站正式挂牌，方便张钹及相关专家深入企业交流研究。与此同时，工信部也在推动智能制造发展，希望通过政策引导提高产业智能化和信息化水平，他们鼓励企业申报相关项目以达成目标。此前，福耀集团从未申请过国家级科研项目，在张钹的帮助下，集团成功获批工信部 2016 年度智能制造综合标准化和新模式应用项目——"提升高附加值功能化汽车玻璃制造的智能工厂建设"，并获得 4500 万元国家财政支持。该项目旨在应对"智能化、功能化高技术玻璃"的技术挑战，同时满足个性化定制需求，并推动福耀集团从国内标杆企业迈向国际一流水平。面对国家政策的支持，福耀集团当即配套了 2 亿元资金，全力推进项目实施。张钹对此项目极为重视，他特别联系了自己的学生、清华大学自动化系教授黄必清（其研究方向正是生产过程自动化），并促成黄必清团队与福州大学计算机学院叶少珍团队的合作，共同组建研究队伍，直接进驻福耀集团，与工厂技术人员展开联合攻关。张钹本人也多次亲自指导，帮助解决项目推进过程中遇到的技术难题。在 2016 年 8 月至 2018 年 12 月的两年多时间里，该团队成功研发了我国汽车玻璃行业智能工厂系统的参考模式、技术要素、集成方法及标准规范体系，实现了智能工厂与企业级信息系统的深度融合，并带来了显著的经济效益——企业生产效率提高 46.17%，能源利用率提升 12.52%，运营成本下降 30.86%，产品不良率降低 64.7%，产品研制周期缩短 51.9%。此外，团队申请发明专利 27 项，取得软件著作权 6 项，制定国家标准草案 3 项、企业标准 14 项。2018 年 12 月 5 日，该项目顺利通过工信部验收，并再次获得 4500 万元财政奖励。时任工信部部长苗圩在听取汇报后，对福耀集团在智能制造领域的努力和成果给予了高度评价，勉励其继续壮大，为"中国制造 2025"贡献力量。该项目不仅推动了福耀集团的智能化转型，也帮助福州大学建立了一支专注于生产过程自动化的科研团队，为高校科研与产业需求的结合提供了成功范例。

此外，张钹也积极与外资企业进行合作，比如对微软亚洲研究院的支持。1998 年年底，微软公司在中国设立微软亚洲研究院（最初为微软中国研究院，2001 年更名），作为其在海外的基础研究机构，李开复出任首任院长。研究院的研究方向涵盖计算机和人工智能领域，包括自然语言处理、语音识别、媒体搜索、无线网络、图像与视频压缩等。凭借微软雄厚的资金支持，研究院迅速组建了一支高水平的科研队伍。为获得更多专业建议，研究院决定成立技术顾问委员会。1998 年 10 月 31 日，李开复致信张钹，聘请其为微软中国研究院技术顾问委员会委员，聘期两年。顾问委员会的职责是对研究院的研究方向、人员聘任及运营情况提出建议。根据合同要求，顾问每季度需抽出两天时间参加研究院的会议或活动，每年需出席两到三次技术顾问委员会会议。虽然仅是顾问身份，但张钹认为既然接受了这一职责，就必须认真对待。因此，他积极参与微软亚洲研究院的各项活动。1999 年 6 月，微软中国研究院在北京召开"21世纪的计算"学术研讨会，张钹受邀作题为《人工神经网络及其在模式识别中的应用》的大会报告。2006 年 5 月，张钹与李未（时任北京航空航天大学校长、中国科学院院士）受邀访问微软雷德蒙德总部，参观研究成果，并与在微软工作的清华校友座谈。2006 年 10 月，他作为特邀嘉宾出席教育部—微软"长城计划"第二期合作周年汇报会，该会议由时任教育部部长周济与微软首席研究官理察·拉希德（Richard Rashid）共同主持。2009 年 4 月 13 日，在微软亚洲研究院"名师讲堂"系列讲座上，张钹发表了题为《计算机视觉研究并无捷径》的报告，广受好评。

在这些过程中，张钹展现的精神风貌和学术水平不仅让工作卓有成效，同时也对其他人产生了深远的影响。清华大学计算机系的朱文武教授在 1999 年 10 月曾加入微软中国研究院，并在那里工作了 9 年，对张钹的印象记忆犹新。回忆起在研究院的经历，朱文武提到："每年年底，顾问委员会都会召开会议，各部门负责人汇报工作进展，而张钹老师则负责提出建议。"在他看来，张钹思维敏锐，每次听完汇报，总能精准指出其中的亮点，同时客观分析问题，并提供建设性的解决方案。在加入微软亚洲研究院之前，朱文武曾在美国贝尔实验室工作了3年，对国外的科研环境十分了解。他回忆说，彼时中国在计算机和人工智能领域尚处于追赶阶段，而张钹已具备国际视野，对行业发展的前沿趋势有着深刻理解，这让他倍感敬佩："当时的顾问委员会中，国内成员仅有张钹院士、潘云鹤院士和迟惠生老师，其他委员均是来自卡内基梅隆大学、麻省理工学院以及微软总部雷德蒙德的专家。张钹老师能与这些国际顶尖学者同台评估我们的工作，他的学识、视野和前瞻性都令人钦佩。"2011年，朱文武决定回归高校从事研究工作。此前，他已被清华大学聘为兼职教授，并通过张钹等学者的介绍，对清华大学的研究环境有了深入了解。因此，在择校时，他的首选目标便是清华大学。在张钹的支持下，他顺利通过学校考核，成为计算机系教授。凭借在微软亚洲研究院积累的丰富经验，朱文武迅速成长为国内多媒体计算和大数据领域的顶尖专家。2012年，他被任命为"973"项目首席科学家，而张钹正是该项目指导委员会的委员。在五年的项目执行过程中，张钹持续提供建议，最终该项目在结项时被评为优秀。回顾自己的学术生涯，朱文武始终心怀感激。他认为，自己取得的成就离不开张钹的支持与指导。而在人工智能发展道路上，张钹不仅推动了中国在该领域的进步，更以深厚的学术造诣和无私奉献的精神为后来者指引了方向。

基于张钹在顾问委员会的卓越贡献，微软亚洲研究院多次续聘他担任委员，任期累计超过 20 年。从 2022 年起，他由技术顾问改任名誉技术顾问。为了感谢他的长期支持，微软亚洲研究院于 2016 年 7 月授予他"25 周年杰出合作贡献奖"。这一奖项在全球范围内仅有 32 名获奖者，张钹是其中最年长的一位。颁奖词中写道："他是微软亚洲研究院的重要支持者，并推动了微软与清华大学的战略合作关系。"

张钹的家乡福清素有"著名侨乡"之称。截至 2022 年，福清本地常住人口约 140 万，而福清籍海外华人华侨已达 160 万，其中多数旅居东南亚。福清人有着浓厚的乡土情结，许多华侨回乡兴办学校、修建医院，即便身在海外，也常组织聚会，加强联系。由于侨胞众多，以林绍良为代表的华侨领袖于 1988 年发起成立世界福清同乡联谊会，这是华人华侨最早在海外自发组建的县域级世界性社团，为全球福清人提供了交流合作的平台。2000年元宵节，张钹与弟弟张铃、张锻应邀回到家乡，出席第三届世界福清同乡联谊会。在大会发言中，他深情回忆起童年时代的福清岁月，并表示："福清的山水见证了我少年的成长，承载着我的回忆与梦想。如果能在有生之年为故乡贡献绵薄之力，那将是非常愉快、幸福的。"在此次会议上，张钹被推选为联谊会副主席，此后连任多年，直至2009年，在雅加达举行的第六届世界福清同乡联谊会上，他因工作繁忙，改任主席团顾问。作为全球福清人的纽带，世界福清同乡联谊会长期致力于帮助困难企业、支持同乡发展、赞助家乡公益活动。张钹不仅积极参与其中，也多次出席联谊会的重要活动。2010年12月26日，适逢福清建市20周年，张钹与150余位国内异地商会代表及1100多名融籍商界精英齐聚家乡，出席以"弘扬融商精神，推进激情创业"为主题的首届融商大会，共商福清发展大计，并在大会上发表演讲。无论是在科技产业的发展，还是在侨界事务的推动中，张钹始终不遗余力，以自身的专业与影响力，为家乡的繁荣贡献智慧和力量。

　凭借对家乡福建的突出贡献，张钹获得了诸多荣誉与表彰。1999 年 12 月 19 日，福建省第十届王丹萍科技奖颁奖大会在福州华侨大厦隆重举行，张钹凭借"人工智能问题分层求解理论及应用"的研究成果荣获王丹萍科学奖二等奖，成为该届奖项的最高获得者。这一荣誉也使他成为首位虽未在福建工作，但因推动福建科技进步作出突出贡献而获此殊荣的闽籍科学家。为表彰获奖者的成就，并鼓励福建科技工作者向他们学习，张钹的事迹被收录至《科技闽星谱》一书。从 2003 年起，福建省每年 6 月 18 日都会在福州举办中国·海峡项目成果交易会（简称"6·18 海交会"），邀请闽籍院士及专家为福建企业发展提供智力支持。张钹多次受邀出席，为福建企业的技术创新和产业升级建言献策。2012 年 6 月，在第十届"6·18 海交会"上，张钹被授予"6·18 突出贡献奖"，以表彰他在推动科技成果与福建企业对接、加快科技成果产业化方面的卓越贡献。

　张钹自幼品学兼优，对母校始终怀有深厚的情感。每当谈及个人成长中最重要的影响时，他总会提到家庭、中小学和清华大学。他认为，书香门第的家庭环境培养了他对知识的热爱，父母的教诲让他明白做人的道理；中小学阶段塑造了他的人格和理想；而清华大学则决定了他一生的事业轨迹。作为清华大学的终身教授，张钹始终不忘教育之恩，并在多次学术交流中表达对基础教育的重视。他曾说："人们常说清华大学的学生聪明优秀，因此清华闻名遐迩。但清华的优秀学生是由清华培养出来的吗？不完全是！这很大程度上要归功于中小学教师的默默耕耘，是他们培养了一代又一代的优秀学子，为名校输送了大量未来可能在各行各业出类拔萃的人才。"对于中小学教育对个人成长的影响，张钹也深有感触，他曾表示："我今天所取得的成就，与中小学时期的教育密不可分。18岁高中毕业时，许多世界观、习惯和思维方式已经形成，而这些都源于童年和少年时期的教育积累。"因此，每次回乡，他都会抽出时间探访母校，关心学校发展，并勉励在校师生努力进取。

岁月更迭，张钹的母校也几经更名。曾就读的龙田融美毓德联合小学、融美初级中学、福州英华中学，如今已分别更名为龙田中心小学、福清第三中学、福建师范大学附属中学。1983年7月，张钹首次回访福清第三中学，与弟弟张铃同行，探望了小学时的国文老师薛惠光（后在福清第三中学任教）及老同学张在厚（后任福清第三中学教师）。1991年9月29日，福清第三中学即将迎来建校100周年，张钹偕同大哥张铙、弟弟张铃、张锻一同返校。彼时，四兄弟皆在各自领域取得了骄人的成绩——张钹为清华大学教授、智能技术与系统国家重点实验室主任，张铙为兰州铁路局高级工程师，张铃担任安庆师范学院院长，张锻则为上海电子真空研究所所长、高级工程师。福清第三中学对此高度重视，特邀他们就学校未来发展及百年校庆规划提供建议。

1992年，福清第三中学正式举办百年校庆，张钹因公出差未能出席。但为了弥补遗憾，1994年，他再次回到母校，与昔日恩师及校长重温求学往事。1995年，张钹当选中国科学院院士，成为母校的杰出校友，也让家乡福清倍感自豪。

2002年，福清第三中学迎来建校110周年。校庆前夕，张钹多次与学校领导沟通，希望尽自己所能为母校的发展贡献力量。当时的校长王钦法向他汇报了学校的实际需求。原来，福清第三中学计划按照一级达标学校的标准建设一座科学楼，以改善实验教学条件，但由于建设资金短缺，工程难以按期完成。得知这一情况后，张钹当即表示愿意尽力帮助母校。2002年3

月下旬，张钹致信时任福建省省长习近平同志和省委书记宋德福同志，表达了自己对福建科技教育发展的关注。他在信中写道，"福建是我们的家园，是我们的根，所以促进福建科技教育的发展，我们责无旁贷。"同时，他还建议加大对福建中学的投入，以支持学校建设。在省政府的支持及校友的共同努力下，科学楼顺利落成，并被命名为"国龙科学楼"。在福清第三中学110周年校庆时，张钹特地回到母校，参加庆祝活动，并为这座自己曾出力献策的科学楼剪彩。当天下午，他还为母校师生举办了一场科普讲座，以激励年轻学子热爱科学、追求卓越。

2006年，张钹携妻子和儿子张淮回到故乡福清。他不仅探望了龙田镇的亲人，参观张氏宗祠，还特意带家人到母校校园走一走，希望儿子能亲身感受自己当年求学的环境。张淮自幼在北京长大，对福清较为陌生，此次家乡之行让他感触良多，尤其是福清人勇于开拓的奋斗精神，更令他深受鼓舞。张淮本科毕业于清华大学，后赴美国伊利诺伊大学厄巴纳－香槟分校攻读硕士。张钹认为儿子在学术研究方面很有潜力，希望他能继续攻读博士，走上学术道路。为此，他曾连续写了10封长信给远在国外的儿子，表达自己的观点，鼓励他从事科研。然而，张淮的兴趣并不在学术，硕士毕业后，他选择加入甲骨文（Oracle）公司，留在美国从事技术工作。面对儿子的坚定选择，张铖尊重并支持他的决定。在美国工作期间，张淮与父亲保持电子邮件沟通，每逢张铖赴美交流访问，父子二人都会抽空见面，聊聊工作与生活。2005 年，张淮回国创业，因其为人谦逊、处事稳重，结识了许多志同道合的朋友，事业也顺利发展。张铖欣慰地看到儿子找到了适合自己的道路，并为他感到骄傲。谈及父亲，张淮曾形象地比喻："对一个人的认识，就像坐标系中的一条曲线，横坐标是时间，纵坐标是对他的评价。一般来说，子女对父母的看法会随着年龄增长和独立能力的提升而有所变化。但在我心中，父亲这条'曲线'始终保持在很高的位置。"张铖不仅在学术研究方面为人楷模，在生活习惯、言谈举止、待人处事上也一直是子女学习的榜样。

张铖重视亲情，每次回到福建，总会抽时间探望家人。他经常回到福清、龙田，看望姐姐，帮助她们解决生活上的问题。对待二叔、三叔等长辈，他也始终保持关心，经常看望问候。尽管在学术界享有盛誉，张铖回乡时从不讲究排场，不要求任何新闻报道，对名利也毫不在意。每当途经福清，他往往会主动拜访当地领导，就福清的科技、教育发展提出建议，交流结束后便悄然离开，从不需要任何特别接待。2018年，福清第三中学在全省高中评估中被评为一级达标学校。83岁的张钹再度与弟弟张铃、张锻相约回到母校，为师生们送上勉励之言，希望福清第三中学继承传统、推陈出新，推动教学质量再上新台阶。2022年，福清第三中学迎来130周年校庆，由于疫情原因，张钹未能亲自到场，但他特意撰写贺词寄回母校，他写道："百卅春秋，谱写教育绚丽华章；再接再厉，共创母校辉煌明天。"多年来，张钹一直以实际行动回报母校。2012年，福清第三中学校长王钦法主编了一本校本教材《群星璀璨》，介绍福清第三中学的杰出校友，以激励学生传承校史精神，张钹也被收录其中。学校还在校门口的道路旁设立了"杰出校友风采栏"，张钹的照片及生平事迹时刻鼓舞着学弟学妹们以他为榜样，努力学习。

除了福清第三中学，张钹也时常回访高中母校英华中学。他坦言："每次回福建，我都会找机会回母校看看。作为曾在这里成长并取得一些成就的校友，学校领导对我们的工作十分关注，也希望我们能与后辈学生分享成长经历。因此，我也愿意尽自己的努力去做。"2011年，张铋与卢耀如、郭孔辉两位英华中学毕业的院士一同受邀返校，为学弟学妹们举办座谈会，分享求学与科研经历，并鼓励后辈勤奋学习、勇攀高峰。

春风化雨

从 1958 年本科毕业后留校任教至今，张钹已在清华大学执教 67 年。回顾自己的教师生涯，他最自豪的并非取得的科研成果或建设的实验基地，而是为国家培养了一批又一批的优秀人才。早在 1958—1978 年，他在自动控制领域培养了大量本科生，其中大多数后来成为国防建设的技术骨干。1978 年后，他转向计算机科学领域，继续培养本科生、硕士生和博士生，其中不少人已成为知名高校的教授、博士生导师，或在国家经济与国防建设中发挥着关键作用。每当听闻学生们在各自领域取得成绩，张钹总会由衷地感到欣慰和自豪。

2008 年，张钹 73 岁，学生们为他举办了从教 50 周年庆祝会。张钹在会上曾说："我国教师的最高标准是孔夫子，他被尊为'万世师表'，是所有教育者的榜样。如果与孔夫子相比，我自然还有许多不及之处，但我有三个指标可以超过他。"张钹认为，第一，自己的教龄更长。孔子从 30 岁讲学到 72 岁去世，教龄 42 年，而他已经从教 50 年，并计划继续下去。第二，他的学生更多。孔子有 3000 弟子，而听过张钹授课的学生早已远远超过这个数字。第三点虽然当时尚未实现，但他对自己充满信心。张钹说："孔夫子培养了七十二贤人，当时的'贤人'应该是指全国范围内的名人。我培养的博士生在各自的领域都是佼佼者，大多数是国内名人，甚至有一些还是国际名人。因此，我要培养超过 72 个博士生，在这方面超过孔夫子。"在之后的岁月里，他不断践行这一目标，截至 2023 年，张钹已培养了 85 名博士生，真正实现了他在庆祝会上许下的承诺。

1978 年，清华大学新成立计算机技术与工程系，并开始招收硕士研究生。由于即将出国访学，张钹当年并未招生。1982 年回国后，他也没有以个人名义招收硕士生，而是指导计算机系的研究生。直到 1985 年，张钹被评为教授，按照清华大学的规定，教授有资格招收博士生。同年 6 月，他迎来了第一位博士生——帅典勋。帅典勋 1962 年毕业于华中科技大学电机系，此后在西安电力机械制造公司和西安电子计算技术应用研究所工作，积累了丰富的实践经验。1985 年，清华大学试点从全国重点企业选拔优秀在职科技人员攻读博士学位（论文博士），帅典勋获得推荐，并在清华大学找到张钹，希望成为他的博士生。张钹了解他的背景后，欣然同意。经过面试和专业考试，帅典勋正式成为张钹的第一名博士生。帅典勋曾在硕士阶段师从我国著名计算机专家夏培肃院士，后因出国中途退出学业。加之他已有 20 多年的工程实践，专业基础扎实。进入博士阶段后，他在三年内顺利完成学业，于 1988 年 6 月获得博士学位，被媒体报道为国内人工智能领域的第一位博士毕业生。他的博士论文题为《LCS 问题与 Unification 问题研究》，最长公共子序列（Longest Common Subsequence，LCS）是一种比较成熟的算法，帅典勋之前就很熟悉，而"合一"（Unification）算法则在人工智能的推理、自然语言的语法分析等方面都有广泛的应用。在张钹的启发下，帅典勋将两者结合起来，他的论文证明了在一定条件下这两者的格代数系统是同态的，因此可以使用求解 LCS 的算法与硬件来求解"合一"问题，使后者更加容易和高效。博士毕业后，帅典勋投身教育事业，先后在西安电子科技大学、华东理工大学任教，担任教授和博士生导师，在人工智能、群体智能、人工神经网络、计算机网络信息智能处理等领域取得重要研究成果，主持并完成了多项国家自然科学基金重点项目、"863"计划、"973"计划等重大科研任务。他的学术生涯正是改革开放后那一代科研工作者的缩影——尽管已至中年，仍不断追求学术进步，并在教育科研领域取得了卓越成就。

张钹出身于一个教育世家，祖父和父亲都曾投身杏坛，在这样的环境熏陶下，他对教育事业怀有深厚的热爱。随着教学经验的积累，张钹也逐渐体会到自己特别适合教师这个职业，他性格平易近人，从学生时代起就经常帮助同学补课，善于发现学习中的难点，并能精准地指导学生克服困难。在培养人才的过程中，他始终坚持从学生的角度出发，为他们创造最适合自身发展的环境。这当中，张建伟和朱军的成长经历，正是这种教学理念的典型体现。

1986年，张建伟以全系第一名的成绩从清华大学计算机系本科毕业，按照惯例，他可以继续在清华大学深造。事实上，早在大学三年级时，他便已跟随张钹从事科研工作，因此毕业后，他毫不犹豫地选择继续师从张钹攻读研究生。又恰逢清华大学推行直博生培养计划，于是他成了学校第一批直博生中的一分子。1989年，国家启动博士生"联合培养"计划，与国外顶尖大学合作培养人才。张钹深思熟虑后，决定推荐张建伟前往德国卡尔斯鲁厄大学攻读博士学位。对于这一决定，张钹进行了全面权衡，始终把学生的长远发展放在首位。虽然张建伟的学术能力极为突出，但当时国内博士培养条件与欧美尚有差距，在更优越的科研环境下深造，无疑能助他取得更高成就。与此同时，出国学习先进技术，也有助于未来推动国内科研发展。更重要的是，张建伟本人也有出国深造的意愿。因此，张钹积极促成此事，并通过此前在国际会议上结识的机器人专家 Ulirich Rembold 成功为张建伟争取到留学机会。然而，德国的学制要求博士生必须具备硕士学位，而张建伟作为直博生，并未取得硕士学位，这成为留学路上的一大障碍。面对这一问题，张钹迅速作出决策，建议张建伟立即完成硕士论文。凭借三年来的研究积累，他仅用两周时间便完成了论文撰写。张钹随即组织硕士答辩，并迅速将结果提交学校审批，最终张建伟顺利获得硕士学位，如期前往德国攻读博士。

对于张钹的这一决定，部分人曾提出质疑，认为他不仅少了一名博士生，还将国家的人才送往海外。然而，张建伟日后的成就无疑是对此最有力的回应。1994年，张建伟在德国博士毕业，并选择留在当地高校任教。尽管身在海外，他始终心系祖国。从 1999 年起，他便积极推动清华大学与德国高校的合作研究，并共同培养博士生，使众多清华学子获得赴德访学的机会，且大部分费用由德方承担。2004—2007 年，张建伟受聘为清华大学计算机系讲席教授，开拓了认知多模态人机交互的重要研究方向，并培养了多位青年学者。2008—2011年，他继续担任清华大学计算机系认知与神经科学讲席教授组成员，推动多模态机器学习的交叉研究，并与清华大学的核心教授团队合作，共同培养未来人工智能核心算法领域的博士生和博士后近 20 人。2002—2006 年，他被选为留德中国学生学者团体联合会主席，并自 2004 年起担任德国清华校友会会长，积极组织校友活动，为北京的发展建言献策，提供服务和捐赠。张建伟在人工智能领域的学术贡献同样斐然。2004 年，他被推荐为全国政协海外委员，并受聘为国务院侨办海外及中国侨联专家咨询委员会信息领域专家。多年来，他持续为国家自然科学基金委、科技部和工信部提供咨询建议，参与中国机器人、智能制造及人工智能等高技术领域的发展规划，并积极推动"中国制造 2025"、国家新一代人工智能发展战略及"中国大脑计划"的制定与完善，成为连接中国与全球智能制造与机器人合作的重要桥梁。2021 年 10 月，张建伟当选德国国家工程院信息学部院士，成为该学部首位华裔院士。2023 年，当选中国工程院外籍院士。他的贡献表明，即便身处海外，他对国家的影响力并不亚于留在国内。张钹当年的决定，无疑是正确的。回忆当年留学德国的经历，张建伟始终心怀感激。他说："在德国，博士生导师被称为'Doktorvater'，意为'博士生之父'。在与张老师合作 30 年的学术讨论与闲暇交流中，我越来越深刻地感受到，张老师是我一生中最杰出的'博士生父亲'。他的远见、创新精神、儒雅风范与公正态度，不仅影响着我的学术道路，也在做人方面深刻教育着我和周围的人。"作为回报，张建伟在德国汉堡大学荣誉博士推荐过程中尽心尽力地为张钹争取，希望能为这位恩师尽一份心意。

张钹的另一位学生朱军，其求学和职业发展的轨迹则与张建伟截然不同。21世纪初，中国的人工智能研究已有一定基础，软硬件条件与国际同行的差距逐渐缩小。然而，随着出国留学的热潮兴起，如何留住优秀人才成为一项不小的挑战。朱军于2005年从清华大学本科毕业。在大四时，他也曾在出国留学与留校攻读博士之间犹豫不决。回忆起那段经历，朱军说："大三暑假，我曾前往德国参加一个国际会议，结识了一些在国外深造的华人学者。他们分享了在海外攻读博士的经验，并鼓励我申请美国的博士项目。那时候，我确实有些动摇。"在抉择之际，朱军主动找到张钹，向他倾诉内心的困惑。张钹听后，语重心长地对他说："国外的知名导师在科研和教学方面的水平确实比我高，培养条件也更加优越。如果你选择出国深造，我会全力支持。但如果你决定留下，我会全心全意地培养你，而这种投入，国外的导师不一定能做到。"张钹的坦诚和承诺让朱军坚定了留下来的决心，他最终选择成为张钹的直博生。朱军在博士阶段展现出了超群的研究能力，仅用四年便顺利取得学位，并在毕业后获得了前往美国卡内基梅隆大学从事博士后研究的机会。作为导师，张钹对朱军的学术潜力了然于心，同时也意识到，彼时国内的科研环境已不同于张建伟求学的年代，中国在人才培养方面已具备相当的竞争力。因此，他希望朱军在博士后工作结束后回国任教。朱军回忆，在撰写博士论文期间，他常常在周末加班。令他难忘的是，张钹曾在周末几次特意来到实验室，坐在他身旁，与他促膝长谈，探讨未来的发展方向。对此，朱军感慨道："张老师是一位院士，却愿意在周末亲自到实验室坐到我身边，和我聊未来的规划。这让我非常感动，也成为我后来决定回清华任教的重要原因之一。无论是我求学时，还是毕业后，甚至在美国做博士后期间，张老师始终关心我的发展。这让我深刻感受到他是真心为学科建设、为这个领域发展去付出，而非个人偏好或其他因素。这一点让我十分钦佩。"

张钹希望朱军回国，除了考虑为学校留住优秀人才，他也非常关心朱军的个人成长。他曾坦言："美国的科研条件确实优越，朱军在那里也能成为优秀人才之一。但在美国，他可能无法获得足够的资源来实现更大的突破。而在中国，他不仅有可能成为最杰出的人才之一，还会获得充分的支持。"在张钹的劝说和推动下，朱军于 2011 年回到清华大学任教。为了确保朱军能够顺利回国发展，张钹积极与清华大学及计算机系沟通，最终学校破格聘任朱军为副教授，并提供 10 万元的科研启动经费——在当时，这笔资金无疑是一项不小的支持。朱军没有辜负导师的期望，他在 35 岁时被聘为清华大学教授，成为当时最年轻的教授之一。2014—2019年，他担任国际机器学习大会（International Conference on Machine Learning，ICML）和人工智能中的不确定性（Uncertainty in Artificial Intelligence，UAI）领域主席，并入选国家"万人计划"领军人才，成为全球机器学习和贝叶斯方法研究的顶尖学者之一。2022 年 11 月，朱军与其学生陈键飞在清华大学光荣入党。作为朱军的导师，同时也是一位有着 62 年党龄的老党员，张钹特意出席了党员发展会议，并深情地说："总有人问我，一生中最满意的是什么？我的答案是，培养了八十几位博士生，他们个个优秀。而朱军，正是其中最让我满意的之一。他们做学问不计个人得失，甘于奉献，这一点做得非常好。我由衷欢迎他们加入党的队伍。"看到自己的学生不断进步，张钹感到欣慰和自豪。

　　张钹的学生不仅在学术研究方面取得了卓越成就，在各行各业也展现出了非凡的实力。韩玫担任平安科技美国研究院院长，袁进辉创立并领导北京一流科技有限公司，黄兴亮成为知名基金经理……据统计，在张钹培养的85名博士毕业生中，33人在高校和研究所工作，30人在企业发展，22人在海外深造或任职。谈及自己培养的"七十二贤人"，张钹感慨道："每当听到他们在事业上取得新进步，我总是抑制不住内心的激动和喜悦。能为国家和社会培养出优秀人才，是我人生最大的成功。"

　　"人是伟大的，同时也是糊涂的。"这是张钹每年为博士生开设"新技术革命讲座"时的开场白。随后，他便从符号主义到连接主义，从时间与空间的关系到全局与局部的思维方式，以及有限与无限的概念，用深入浅出的语言和生动的案例，将抽象的理论讲解得通俗易懂。在他和蔼的微笑中，学生们不仅汲取了知识，也收获了思考的乐趣。有人曾评价道："张教授的学识是五光十色的。"在学术的道路上，张钹如同一盏明灯，指引着一代又一代求知者。对他而言，教育不仅是一份事业，更是他生命的一部分。那么，为何他能够培养出如此多优秀的学生？或许，以下几点可以作为答案。

第一,让学生养成学术研究上的独立性。在培养学生的过程中,张钹始终坚持让学生自主探索,而不是简单地为他们指定研究课题。每位博士生入门时,他都会告诉他们:"你可以沿着前人的道路前进,这样按时毕业没有问题;你也可以尝试一条新的路径,我也会帮助你,但这条路可能充满挑战,甚至面临失败的风险,你愿意怎么做呢?"尽管大多数学生会选择相对稳妥的方向,但仍有一些人勇敢地挑战未知。无论学生选择哪条路,张钹都会给予他们一年的时间,让他们自由探索研究方向,仅提供一个大致的领域范围。他表示:"这一年的时间,他们需要自己慢慢思考,实在找不到方向了,再来找我讨论。"在他看来,博士阶段最重要的能力之一,就是发现问题、提出问题的能力,只有具备这一能力,未来才能独立开展研究,否则博士学习的意义就会大打折扣。找到真正值得研究的课题并非易事,因此,许多博士生在入学的第一年都会感受到不小的压力。他们广泛查阅文献,寻找研究空白或探索新的思路。但一旦跨过这道门槛,所获得的经验与能力将会使他们终身受益。通常,到第二年,大部分博士生都能明确自己的研究方向并投入其中。其实,张钹的"放手"并不意味着放任不管，相反，他给予学生最大限度的自由，同时又会在关键时刻进行必要的指导。他的研究团队始终保持着宽松而富有探索精神的氛围，他不会给学生施加过多的压力去完成具体任务，因为他深知，过度干预往往适得其反。也正是因为有深厚的学术积累作为支撑，他才能放心地让学生自主选择，同时在他们迷失方向时给予精准的建议，帮助他们回归正轨，顺利完成学业。张钹回忆，他的一名博士生曾决定挑战一个全新的研究领域，最终取得了优秀的成果。他对此深感欣慰，称赞道："他是真正拿到了博士学位的人。"在他看来，博士阶段的培养不仅仅是学术训练，更是综合素质的塑造。2007年，博士生袁进辉前往德国汉堡大学张建伟的实验室访学半年。刚到德国时，他对环境不熟悉，周末常独自待在实验室研究，生活较为单调。同年夏天，张钹与妻子房景莪到实验室短暂访问，他鼓励袁进辉要多出去走走，感受不同国家的文化。从那以后，每逢周末，张钹都会带着学生们短途旅行，一边欣赏风景，一边讨论学术与人生。他的妻子偶尔还会为学生们做中餐，让他们在异国他乡感受到家的温暖。有一次，中国驻德国大使馆举办音乐会，得知张钹在德国，便特意送来两张门票邀请他和妻子观看。然而，张钹却把票让给了袁进辉，并对他说:"这种活动我们参加过很多次,你们年轻人应该多去,这对个人成长有好处。"后来,每当使馆举办华人作家、艺术家的交流活动,张钹都会积极为学生争取参加的机会,希望他们能拓宽视野,增长见识。袁进辉回忆道:"张老师对不同国家的文化都非常尊重,从不排斥。这种包容精神对做学问也大有裨益。"2005年,袁进辉及另一位博士生李强与张钹一同前往越南,参加亚太知识发现与数据挖掘会议。会议期间,他们在酒店用早餐,发现当地饮食与中餐有较大差异,袁进辉一时难以适应。然而,张钹却对各种异国美食都能欣然接受。他说:"不同国家的饮食文化也是经过多年历史积淀下来的,其中一定蕴含着值得学习的东西,我们应该去体验。"

第二,因材施教。根据每位学生的特点,张钹会制定最适合他们的培养方式。一般情况下,他的博士生通常在第三年进行论文开题,部分学生可能推迟到第四年上学期,这一安排主要取决于他对学生研究进展的评估。不同于一些导师因自身研究需求而让学生延迟开题或毕业,张钹始终以学生的发展为核心,确保他们按照最适合自己的节奏推进研究。比如在朱军攻读博士期间,由于他的研究成果突出,张钹在他入学第二年上学期便通知其开题，而朱军也顺利通过了开题答辩。到了直博第四年，张钹认为他已经达到博士毕业的标准，便建议他完成论文，提前一年毕业。事实证明，张钹对学生学术能力的判断十分精准。另一位学生马少平的经历则展现了张钹在培养方式上的灵活性。1984年，马少平在清华大学计算机系研究生毕业后留校任教，成为张钹的同事。十年后，学校下发了一份征求意见稿，讨论教授评聘是否需要博士学位。时任副教授的马少平对此非常关注，便向张钹请教。经过慎重考虑，张钹建议他在职攻读博士，并亲自指导他的研究。对于一名既要承担教学科研工作，又要撰写博士论文的在职教师来说，如何平衡两者是一个巨大挑战。为了帮助马少平减轻压力，张钹建议他将博士论文与正在负责的"863"项目结合，聚焦其长期研究的汉字识别领域。在论文撰写过程中，张钹适时给予指导，并提出将专家系统与汉字识别相结合的研究思路，这一建议为马少平提供了新的启发。他运用黑板模型，将汉字识别中的不同角色整合在一起，形成了独特的研究框架。最终，这篇博士论文顺利通过答辩，评审专家一致认为其研究角度新颖，观点独特。

第三，以身作则。作为一名导师，张钹不仅在学术上严格要求学生，更以自身行动为他们树立了严谨治学的榜样。他的学生们清楚地记得，张钹在生活和工作中始终保持低调、朴素的作风。他的黑色旧手提包和骑了多年的自行车，一直是他的"标配"。尽管对个人生活要求不高，他却始终以最高标准对待学术研究。每年新生入学，计算机系都会邀请张钹作开学讲座，让初入清华园的学子接受院士的点拨。对此，张钹一向十分重视。据一位学生回忆，为确保讲座顺利进行，他曾特意提前与会场工作人员沟通，并骑着自行车去现场彩排，检查投影设备，试用笔记本电脑，以免影响报告效果。

在学术研究中，张钹展现出的严谨态度同样影响着学生。他带领的团队每周都会召开一次学术讨论会，由学生汇报研究进展，或由参加国际会议的师生分享最新的科研动态。最初，讨论会安排在每周一晚上，后来改至每周四下午。张钹对此极为重视，无论事务多忙，只要在北京，他都会出席。他曾说："我参加会议的优先级是实验室、系、学校、教育部。上级会议少我一个问题不大，但实验室的讨论会直接关系到研究方向，我必须参加。"每次会议，张钹都会提前到场，而一些学生偶尔迟到，他却从不批评或责怪。会议期间，他从不把手机放在桌上，也不会因电话铃声中断讨论。许多学生直到毕业都没见过张钹使用手机。如今，即便已近 90 岁高龄，只要身体状况允许，他仍坚持参加讨论会。清华大学计算机系教师苏航在博士后阶段曾在张钹的团队中做研究。他回忆道："在我的认知中，极少有像张老师这样资历的人还能坚持参加组会，但他几乎每次都会来，而且全程认真听取讨论，通常长达三个多小时。有时遇到特殊情况需要提前离开，他也会向大家表示歉意。在组会上，张老师的点评总是切中要害，提出的意见和建议能让我们学到很多东西，因此我们每次都期待听到张老师的看法。"

2015 年，苏航前往美国参加国际机器学习大会。回国后，他在组会上分享了参会经历，概述了会议上的 20 多篇论文，并结合自己的理解进行了分析。听完汇报后，张钹特别关注其中一篇题为《深度神经网络很容易被欺骗》的论文，认为其内容极具研究价值，并建议在座的师生认真阅读。这篇论文探讨了通过加入特定扰动来干扰人工智能系统，使其产生识别错误的现象，即如今所称的对抗性攻击。当时，这一研究方向尚未在学界形成共识，相关研究也较少，因此并未引起广泛关注。然而，张钹敏锐地意识到其重要性。几个月后，他在组会上再次提及，强调这一领域值得深入研究。在他的推动下，苏航和学生们于 2016 年正式开始相关研究，并逐步形成了团队的特色方向，在国内外取得了领先地位。2017 年，谷歌大脑在神经信息处理系统大会上举办了对抗样本攻防竞赛，吸引了来自斯坦福大学、约翰斯霍普金斯大学等世界知名高校的百余支代表队。张钹团队凭借扎实的研究成果成功夺冠。这一成绩的取得，与张钹卓越的学术洞察力密不可分，也让苏航深感敬佩。除了学术方向的把握，张钹还注重培养学生严谨的研究习惯。他认真审阅学生的论文，尤其是对缺乏投稿经验的学生，更是悉心指导。有时，他甚至会邀请学生到家里，对论文进行细致修改。袁进辉回忆，自己的第一篇论文投稿至亚太知识发现与数据挖掘会议，张钹为此花费了大量时间润色，从语法、用词到标点符号，事无巨细。例如，袁进辉在论文中对"data"一词使用了单数谓语，张钹指出前后逻辑不一致，并告诉他"data"实际上是"datum"的复数形式，这是袁进辉首次意识到这一语法细节。为了更直观地呈现研究内容，袁进辉在论文中还绘制了一张示意图，并标注其中有 15 个节点。张钹审阅后指出，图中的节点数似乎并非 15 个。袁进辉仔细核对，发现实际只有 14 个。张钹解释道，他并未刻意去数，而是凭经验判断图像与标注不符，于是顺手检查了一下，结果确有错误。当时的张钹已年逾古稀，但依然对细节保持高度敏感和严谨，这种治学态度令袁进辉记忆深刻，并影响了他日后的学术生涯。尽管张钹在论文写作上给予学生大量指导，但他从不要求学生将研究成果与自己分享，也不强求在论文上署名。

第四，关爱学生。张钹不仅关注学生的学术成长，还在生活上给予关怀。他始终坚持导师的责任是全力帮助学生成长，而非从中获利。1995年，清华大学为张钹设立了学生秘书岗位，工作量约占三分之一，并提供一定的补贴。国外高校常设教学助理或科研助理职位，以此培养博士生的学术和教学沟通等能力，而张钹的学生秘书岗位在某种程度上也具有类似的作用。然而，他并不将这一岗位单纯视为助研或助教，他首先想到的是岗位补贴可以减轻学生的学费压力，所以优先安排家庭经济困难的学生担任。学生们理解张钹的良苦用心，也非常感激他。张钹的学生吴俊便是受益者之一。他来自农村，家庭收入较低，因此被张钹安排为学生秘书。但是，在吴俊的记忆里，自己真正承担的事务性工作少之又少。张钹曾明确表示："他们虽然是我的学生秘书，但我不会让他们为我做一件私事，博士生的时间非常宝贵，应该用来做研究和写论文。"他也确实是这样践行的。张铍从不要求学生秘书为自己代劳，许多事情都是亲力亲为。他的学术报告 PPT，至今仍然是自己制作。据朱文武回忆："每次听张老师的报告，都会发现他的 PPT 都是自己做的。一般来说，这么资深的教授都会让学生帮忙制作，但他不是这样。他的 PPT 内容简练，用符号和简短的文字串联思路，每一页都凝聚着他的思考和智慧。而且，每次报告的内容都会有所更新。曾有省部级领导听完他的讲座后感慨道：'张老师的讲解独具见解，与一般空泛的演讲完全不同。'"张铍对学生的关心，往往体现在细微之处。有一次，张铍第二天要出国，但为了不影响学生的研究进展，他仍冒着大雨赶到学校，去学生宿舍与博士生们讨论课题。当他披着雨衣出现在门口时，学生在触动中所引发的感悟远远超过了学术研究本身，张老师的这一形象也深深地印在学生的脑海里。

在与学生的日常交流中，张铍始终以平等和尊重的态度对待每一位学生，而非居高临下地传授知识。他的风格可谓"望之俨然，即之也温，听其言也厉"。对于学生们取得的优异成果，他不会过度表扬，以免他们骄傲自满；但当外人询问起学生的表现时，他总是给予充分肯定，为他们的成绩感到自豪。尽管工作繁忙，张钹仍尽力关注学生的成长，及时了解他们在生活中遇到的问题，并尽可能提供帮助。有时，他会以长辈的身份与学生交流，鼓励他们以豁达的心态面对生活，认为经历挫折反而能激发更深入的思考。他深知，稳定的生活状态有助于增强学术上的干劲，因此，他也曾在学生的恋爱、婚姻和家庭问题上提供建议和帮助。

能成为张钹的博士生本身就极为不易。张钹所在的智能技术与系统国家重点实验室团队是清华大学计算机系内极具竞争力的研究团队，研究生招生竞争激烈。作为中国科学院院士，张钹更是众多学子心目中的理想导师。因此，他的团队常年吸引着清华大学计算机系乃至其他院系的顶尖学生，其中不乏排名年级前三的本科生，如姚姝、张建伟、韩玫、黄兴亮（电机系）等。此外，还有来自交叉学科背景的优秀学生，如徐旻捷、谢凌曦、季剑秋等。对于外校学生而言，想要进入他的团队更是难上加难。张钹自幼学业优异，对学生的学术能力要求同样严格，认为优秀的成绩是科研能力的重要保障。这种高标准的选拔机制，也为团队的卓越研究成果奠定了基础。在张钹的指导以及其他老师的协助下，他的博士生在各类学术评比中屡获佳绩。孙富春的博士论文获评 2000 年全国优秀博士学位论文。此外，景风、朱军、李崇轩等学生的论文也先后被评为清华大学优秀博士学位论文。由于在教育领域的卓越贡献，张钹本人也获得多项荣誉，如 1991 年北京市优秀教师、1993 年北京市普通高等学校优秀教学成果一等奖、2002 年"清华之友——优秀教师奖励金"一等奖、2005 年清华大学"良师益友"荣誉称号、2009 年北京市学位与研究生教育改革与发展突出贡献奖，以及 2013 年"清华大学教书育人先进个人"等。此外，他也因指导优秀博士论文多次获得表彰。

张钹在教师岗位上能有如此优秀的成绩，也源自他的老师们在他学生阶段所给予的帮助，对此，张钹始终感念不忘。他曾专门撰文回忆中学时期的老师薛永香，并一直与恩师许世晖保持联系。他感慨道："我从老师们身上学到了对事业负责任的敬业精神。"正是这份对师恩的铭记，使他对教师这一职业有了更深的理解，并倾力培养了一代又一代优秀人才。其学生袁进辉曾说："张老师在各方面都树立了标杆，激励着我们不断进步，努力作出让张老师满意的成绩。"博士后袁培江在出站后选择在北京航空航天大学工作，并凭借扎实的科研能力参与了我国多款飞机的研发项目。他在采访中表示："张老师曾参与我国多个技术研发的'第一',包括引进国内第一台机器人。而我在航空领域接过了张老师的'接力棒',这是一种精神的传承。"

学生们毕业后,张钹仍然在各方面给予他们支持和帮助。他建立了一个微信群,名为"张老师组学生",群里有六七十人,包括了张钹绝大多数的博士毕业生。他们始终与张钹保持联系,无论是工作上的困惑还是婚姻家庭的难题,都会与张钹交流,希望得到他的建议。曾有一位博士生决定辞去原有工作创业,但遭到家人的强烈反对,无法说服他。他的奶奶和母亲不远千里来到北京,求助张钹,因为她们相信孩子唯有听张老师的话。张钹耐心倾听,并给予中肯的建议,最终帮助他们达成共识,顺利解决了问题。此后,这位学生在重大决策时都会主动向张钹请教。张钹深信"新竹高于旧竹枝,全凭老干为扶持",因此在学生们步入职场、特别是进入高校任教后,他仍然倾力相助。每当有学生邀请他到各高校作报告或提供学科建设建议时,他都欣然接受,从不推辞。同实验室的林福宗老师感慨道:"张老师帮助过实验室的许多人。"张钹倾心培养学生,而学生们也深感恩情。每年他的生日,遍布世界各地的学生都会或单独或结伴前来探望,与他共度这一天。

他们围坐在张钹身旁，谈论时政、学术、生活琐事，师生之间情谊深厚。

2008 年 10 月 28 日，在张钹从教 50 周年的庆祝会上，来自国内外的 30 余名博士生和博士后齐聚一堂，未能到场的学生也精心制作了多媒体邮件，发送祝福与感言，既表达对老师的敬意，也分享各自的生活与工作近况。张钹在会上发表了题为《我的五十年》的深情报告，学生们向他献上鲜花与对联。对联写道："五千里因学为师，闻先生遍栽桃李扶天下。七十年以身立德，感后辈竭尽股肱报国家。"这副对联，是对张钹教育贡献的高度肯定。2015 年，张钹迎来 80 岁寿辰，学生们希望为他举办隆重的庆祝活动，但淡泊名利的张钹不愿铺张，最终决定以研讨会的形式纪念。4 月 11 日，"张钹院士从教 57 周年暨 80 华诞学术研讨会"如期举行，近百位同事、朋友和学生从各地赶来参加。博士后苏航回忆："与会者众多，大家交流着与张院士的点滴回忆，我深受触动。张老师不仅在学术上极具敏锐性，更怀有深厚的家国情怀，令人敬佩。"

计算机系教师李建民，曾是张钹的博士生，毕业后留在团队协助培养博士生。值此寿辰，他主动联系同门，共同制作了一本名为《思想的力量》的 80 华诞纪念册。书名源自博士生姚殊对张钹的描述："张教授给人的第一印象是瘦，清瘦的身材，瘦削的面容。但你不会觉得他单薄，因为这清瘦中自有一种筋力。当他踱步沉思、挥手阐述观点时，你能感受到一种力量——思想的力量。"纪念册中收录了学生们的回忆文章、张钹的照片及代表性论文，字里行间都反映出他对科研的不懈追求和对教育事业的无私奉献。除了培养自己的学生，张钹还对清华大学乃至全国人才培养有着深远思考。尽管专注理工科研究，他始终强调教育应注重全面素质，培养综合型人才。他表示："很多人觉得我的演讲既能站在高远的角度，又能深入浅出，这与哲学思考息息相关。我认为，大多数人可以成为专家，但要想成为大师，必须文理兼通。"以人工智能研究为例，若仅局限于本领域知识，视野将变得狭隘，也难以真正理解跨学科研究。因此，张钹在业余时间广泛涉猎文学、艺术等领域。他的学识广博，使得文科和艺术院系也频繁邀请他作讲座，而他的演讲因内容充实、观点独到、条理清晰、逻辑严谨，深受听众好评。

对于国内外教育的对比问题，张钹也非常关注，他曾指出："我国学生的整体水平很高，例如清华大学的本科生，其平均水平甚至超过国外顶尖高校的同龄人。然而，在最高水平上，我们的学生与国际最优秀的学生相比仍存在差距。这与早期教育息息相关，尤其是在培养学生提出问题和发现问题的能力方面，也就是批判性思维的培养。"为了进一步阐明这一观点，张钹举了一个他在美国的观察经历。在参观当地一家艺术馆时，他看到一位老师带领低年级小学生观看画展。这些艺术作品的深度显然超出了孩子们的理解能力，但老师并未直接讲解，而是鼓励他们仔细观察，并表达自己的看法。尽管学生们的观点可能显得稚嫩甚至片面，老师却始终耐心引导和鼓励。这种方式无形中培养了学生提出问题、敢于表达观点的能力。事实上，中国学生在解决问题方面并不逊色，他们从小接受严格的基础教育，具备扎实的知识运用能力。但相较之下，他们往往欠缺发现问题、提出问题的意识。这也是张钹在博士生培养中格外强调寻找研究课题能力的重要原因。

有一段时间，清华大学内部曾有人建议借鉴国外高校做法，在博士生毕业时设立严格的筛选机制，即设定一定比例的淘汰率，使未达标者无法顺利毕业。作为当时清华大学学位评定委员会的副主席，张钹明确表示反对，认为这种做法在国内尚不成熟。他的理由是：中外对于"博士攻读失败"的认知存在显著差异，这种差异受文化环境影响极大。为此，他分享了一段自己在伊利诺伊大学厄巴纳 – 香槟分校访学时的经历。在他所在的CSL 实验室，一位美国博士生已经攻读 8 年，因未能取得成果决定放弃学位，转而找工作。然而，这位博士生本人并未过于沮丧，更令张钹惊讶的是，许多用人单位都愿意聘用他。当张钹向招聘公司询问原因时，得到的回答是："他有 8 年的研究经验。"这番话给张钹很大触动。按照中国传统观念，花 8 年仍未能完成博士学业的人，往往被视为失败者，很难在就业市场上获得认可。由此可见，真正推动"严出"机制，不仅需要"允许失败"，更需要创造"接受失败者"的环境。在当时的国内环境下，这一基础尚未建立，因此会议最终达成共识，决定暂不推行这一机制。张钹一贯坚持讲真话、摆事实，他正视国内外教育体系的差距，目的正是为了推动改进。2014 年，清华大学计算机系启动人事制度改革，旨在推进世界一流计算机学科建设，并优化教师管理制度。张钹在全系大会上代表老一辈教师发言，深入分析了国家体制及社会环境，并重点指出改革过程中可能面临的困难和问题，同时表达了对国家及社会体制同步调整的期待。

对于如何缩小国内外教育差距，张钹认为人才培养是一个长期过程，不能急功近利，而是需要几代人的努力。过分强调短期成效，往往会违背教育规律。科学研究同样如此，特别是基础科学研究，如果只关注短期成果，就难以保持专注和创新。在培养学生的过程中，张钹时常提醒他们，不要因某个研究方向短期成果显著便盲目跟风，而应勇于探索新领域。尽管未知的研究方向伴随更大的风险，但往往能带来长期收益。他经常以人工智能领域的著名科学家李飞飞为例，鼓励实验室的师生们勇于突破。李飞飞在斯坦福大学任教期间，带领团队建立了 ImageNet——全球最大的图像识别数据库。尽管这一工作烦琐，建库过程难以直接产出高影响力论文，但完成后产生的影响却是深远的，它使得相关研究占据先机，并在全球范围内引领了研究方向。张钹与李飞飞相识，对她的研究理念十分欣赏。他常以此激励自己的学生，希望他们能主动建立符合研究需求的数据库，从而在前沿领域占据主动，引领新的研究方向。

对于自己对教育问题的设想，张钹也尝试通过实践去检验。2008 年，袁进辉与几位博士选择在张钹的团队开展博士后研究。当时，张钹认为清华大学应该推动原创性研究，而不仅仅是追踪国外成果。他与博士后们商量，询问他们是否愿意尝试探索新的研究方向。尽管当时的外部环境尚不成熟，但张钹仍然尽力在自己的能力范围内为他们提供相对宽松的研究空间。袁进辉果断接受挑战，选择脑科学和深度学习作为研究方向，这在当时尚属小众领域。攻克冷门方向难免伴随风险，由于发表论文数量未能达到要求，他在博士后中期考核时受到质疑。然而，张钹坚定支持自己的学生，并向评审专家解释该研究方向的重要性以及原创研究的挑战。最终，尽管因个人原因，袁进辉在博士后出站后没有选择在高校任教，但这段经历令他收获良多，也让他在国内相关领域走在了前沿。他始终感激张钹的指导与支持。60余载从教生涯中，张钹始终倡导终身学习，并以身示范。2010年，学生吴俊从荷兰回国，在北京与张钹相聚。交谈中，张钹随口提到，自己最近阅读某篇论文时，在部分内容上遇到困难。于是，他利用暑假时间，找来一本概率论教材，并完成了书后部分的习题，以此加深理解。这一细节令吴俊颇为惊讶，75岁的院士级教授仍会抽时间做数学练习题，以防止知识生疏，这样的学习态度令人深感敬佩，也让吴俊深刻领悟到，学习确实是一个终身的过程。

张钹曾说："大学毕业后留校任教，教书成为我的职业，于是我的理想变成当一名优秀的大学教师。我究竟实现这个理想了吗？我想，是的。因为多年来，我不仅在计算机科技研究中作出了一些贡献，更重要的是培养了一批优秀人才。"60多年的实践清楚地表明，教师这个岗位是张钹的挚爱！清华园中，桃李芬芳！

再起新程

2021 年，张钹被授予清华大学年度"老有所为"先进个人称号，该奖项旨在表彰那些虽已离退休但仍持续为学校作出重要贡献的老教师。步入 21 世纪第二个十年，年届 75 岁的张钹依旧活跃在学术前沿，印证了"年龄只是一个数字"。他的学术生涯始终保持活力，在随后的岁月里，他依然坚持在自己的岗位上发挥作用。

2015 年 1 月 31 日，以"责任·创新·奉献"为主题的中国计算机学会颁奖大会在北京举行。张钹因其在计算机领域的卓越成就和重大贡献，荣获中国计算机学会颁发的"中国计算机学会终身成就奖"。这一奖项专门授予年满 70 岁的科技工作者，以表彰他们在计算机科学领域的深远影响。领奖时，张钹幽默地说道："今年我 80 岁了，减去 60 年（一个甲子），正好 20 岁，我正当年，我希望再做些事，无愧于这个奖项。"这不仅展现了他豁达的心态，也折射出他对科研的不懈追求。尽管早在 1995 年就当选为院士，但张钹从未因此自满，而是始终站在学术研究的第一线。时任智能技术与系统国家重点实验室主任的朱小燕曾感慨："无论是实验室的师生，还是其他院校了解张老师的人，大家都说张老师是少见的'在功成名就之后仍然坚持在研究一线的学者'。"

2018 年，在人工智能成为全球研究热点的背景下，张钹前瞻性地提出，将清华大学内与人工智能相关的院系整合，成立清华大学人工智能研究院。该倡议迅速得到落实，研究院的建设汇聚了清华大学 18 个学院和系的力量，不仅包括计算机系、电子系、自动化系、精密仪器系等理工科院系，还涵盖社会科学、心理学等相关学科。2018 年 6 月 28 日，清华大学人工智能研究院正式成立，83 岁的张钹受聘为首任院长，清华大学校长邱勇亲自为他颁发聘书。清华大学在国内人工智能研究领域始终处于领先地位，此次成立研究院，旨在依托清华的学科优势，打造具有清华特色和国际影响力的人工智能研究高地，推动跨学科融合，促进技术与产业、学术与企业的深度协同，助力我国人工智能向更高层次发展。这一举措极具前瞻性，几年后，人工智能技术迎来了新一轮高速发展，清华大学人工智能研究院的成立恰逢其时。研究院下设九个研究中心，包括基础理论研究中心、智能信息获取研究中心、知识智能研究中心、智能人机交互研究中心、听觉智能研究中心、大数据智能研究中心、视觉智能研究中心、智能机器人研究中心以及自然语言处理与社会人文计算研究中心。这些研究中心并非一次性成立，而是随着条件成熟，循序渐进地设立。为了推动这一计划，张钹亲自与各院系的老师反复沟通，提供相关研究信息，并详尽阐述研究院的建设规划。例如，在大数据研究领域，朱文武教授成绩突出，张钹与他交流后指出，虽然大数据分析已取得显著进展，但如何在数据分析中融入语义信息和知识仍是关键挑战。在张钹的支持下，大数据智能研究中心得以顺利成立。同样，在信息检索与推荐领域，张钹建议马少平教授拓展研究方向，将其延伸至智能信息获取领域，于是智能信息获取研究中心也随之成立，由马少平担任中心主任。

张钹认为，要让清华大学人工智能研究院跻身世界一流，必须达到两个关键指标：第一，博士生中有30%来自发达国家；第二，研究团队中有30%的成员来自发达国家。这两个"30%"不仅代表了国际学术界对研究院的认可，更是吸引全球优秀人才、促进多元思想交流的重要标志。为此，张钹多次与学校沟通，希望能在编制上给予足够支持，尤其是在职称评定方面对顶尖人才提供更大的政策倾斜。他坚定地表示："我们现在缺的是一流人才。真正的人才不会把赚钱作为首要考虑因素，事实上，他们通常也不缺钱。如果一个人仍然因为薪资问题而选择工作，那他肯定不是一流人才。更何况，清华大学在研究经费上给予了充分保障，因此我希望能有足够的名额，让优秀人才在这里安心从事研究。"在推动研究院发展时，张钹始终从学校的整体利益出发，毫无个人私心。

在人工智能领域长期的贡献，使张钹赢得了同行的尊敬。2010 年 10 月，他因在粗糙集与软计算领域的突出成就，获得了中国人工智能学会粗糙集与软计算专业委员会颁发的终身成就奖。2019 年 10 月，为表彰他在推动智能科学技术发展方面的杰出贡献，他又荣获吴文俊人工智能科学技术奖的最高成就奖。这些奖项不仅是对他科研生涯的高度肯定，也彰显了他在人工智能领域的影响力。除了学术研究，张钹也积极向公众普及人工智能知识。他曾表示："我们从事人工智能研究 40 多年，有责任和义务向社会科普这方面的知识。"2018 年 9 月 21 日，他受邀在中央电视台《开讲啦》节目上演讲，题目是《走进真正的人工智能》。作为该节目"智能生活"系列的首位嘉宾，他用深入浅出的方式向学生们揭开了人工智能的神秘面纱。他强调："任何技术都是为了让人们的生活更美好，生产与经济更好发展，这就是我们人工智能追求的终极目标。"2019 年 9 月，他接受杨澜主持的《探寻人工智能》节目的采访，继续向大众普及人工智能的发展与应用。此外，张钹还积极为政府提供政策咨询。随着人工智能产业的快速发展，政策制定者越来越需要专业意见。从 2018 年 9 月起，张钹连续三届受聘为上海市人工智能战略咨询专家委员会委员，每届聘期两年。他还受邀在中央党校、北京市党政干部学习班、司局级干部培训班、企业骨干培训班等多个场合，围绕"人工智能的发展现状与未来"进行专题讲座。自 2019 年起，他每年为清华大学经管学院 EMBA 班讲授一堂人工智能课程，受到学员们的高度评价，并先后获得经管学院颁发的 2019 年度杰出教学奖和优秀教学奖、2020 年度特别贡献奖和优秀教学奖，以及 2021 年度优秀教学奖。2022 年 7 月，他在湖南省人力资源和社会保障厅主办的《走进中科院——科技创新驱动发展》高级研修班上，再次以《人工智能的现状与未来发展——迈向第三代人工智能》为题作专题讲座。

张钹积极推动清华大学人工智能研究院的建立，并引领国内人工智能的发展，这与他提出的"第三代人工智能"理念密切相关。2020 年 9 月 23 日，在纪念《中国科学》创刊 70 周年专刊上，张钹与朱军、苏航共同发表了《迈向第三代人工智能》一文，系统阐述了这一概念。自 1956 年人工智能概念诞生以来，60 多年的发展历程中，人工智能经历了两代演进，但仍然存在诸多局限，距离真正的人工智能目标尚有很长的路要走。第一代人工智能以知识驱动的符号推理为核心，流行于20世纪七八十年代，主要依靠专家系统来解决特定领域的问题，在医疗、生产、调度等方面有所应用。张钹在20世纪80年代所研究的问题求解、搜索与规划，就属于这一代人工智能的范畴。然而，第一代人工智能最终未能取得突破，主要原因在于专家系统的构建依赖人工知识的积累和整理，并面临知识表示和知识获取的困难，既耗时又难以扩展，导致产业化应用受限。不过，基于知识驱动所建立的人工智能系统也具有可解释性且易于人类理解的优点。进入90年代末，人工智能进入第二阶段——数据驱动的机器学习。借助计算机算力的提升和大规模数据集的支持，人工智能在模式识别和大数据处理方面取得了显著进展，催生了深度学习等技术，并在产业中得到广泛应用。张钹与团队后来从事的深度学习研究，即属于第二代人工智能。然而，这一代人工智能仍存在诸多缺陷，例如其算法往往缺乏安全性、可信性、可靠性和可控性，难以推广到更广泛的应用场景。正是基于对前两代人工智能局限性的深刻认识，张钹开始思考未来的发展方向，并提出了"第三代人工智能"

的理念。他认为，第三代人工智能需要融合知识驱动和数据驱动的优势，同时克服前两代技术的局限性，才能真正向通用人工智能迈进。这一思想不仅影响了清华大学人工智能研究院的建设，也成为国内人工智能领域未来发展的重要方向。

2016 年 10 月 22—26 日，中国计算机大会在山西太原召开。会上，张钹作了题为《人工智能未来展望——后深度学习时代》的报告，首次提出"第三代人工智能"的基本构想，包括知识驱动与数据驱动的结合等。当时，他将这一阶段称为"后深度学习时代"，直至 2018 年前后才正式改称"第三代人工智能"。通过这一概念的提出，张钹希望能够打破现有人工智能研究的局限，将知识、数据、算法和算力这四个核心要素统一在一个框架内，实现更加完善的人工智能体系。他特别强调，"知识"应当放在首位，因为它才是人类智慧的真正源泉。同时，"数据"同样重要，因为计算机具备强大的数据处理能力，所以要基于这种能力从数据中提炼出有价值的知识。因此，只有将人类智慧与计算机的计算能力有效结合，才能真正推动人工智能向更高层次发展。构建"第三代人工智能"不仅仅是信息科学的任务，它也需要多学科的交叉融合。许多问题的解决不能局限于单一领域，而是要借助不同学科的视角和方法，推动人工智能向更高维度发展。因此，跨学科合作势在必行。正是基于这样的理念，张钹积极推动清华大学人工智能研究院的成立，以此促进不同学科之间的深度交流，同时吸引海外优秀人才，推动多元文化的交汇与融合。

"第三代人工智能"概念的提出，也缘于张钹多年来的一个深思熟虑的愿景。他一直向学生们强调，人工智能学科发展至今，仍未形成完整的学科体系，这意味着什么？当纵观近现代理工科的发展历程时，会发现中国在许多学科体系的建立过程中贡献相对有限。然而，人工智能尚处于发展阶段，尚未形成固定的学科框架，这意味着对于中国而言是一个难得的机遇——甚至可能是唯一一次站在世界前沿的机会。因此，张钹希望在全球人工智能学科建设的历史进程中，让世界听到中国的声音、清华大学的声音，并最终形成具有清华特色的人工智能学派。这一学派的核心思想，正是他提出的"第三代人工智能"理念。在撰写《迈向第三代人工智能》一文时，张钹倾注了大量心血。据合作者苏航回忆，文章的核心学术思想完全由张钹提出，第一稿的大部分内容也由他亲自完成，甚至连参考文献的格式都逐一校对，足见他对这一研究方向的重视。张钹的"第三代人工智能"构想在学术界引发了广泛关注，并得到了国际同行的认可。图灵奖得主约书亚·本吉奥（Yoshua Bengio）曾提出，人类的认知系统由两个子系统组成——直觉系统和逻辑分析系统。许多学习能力依赖于这两个系统的有机结合，而人工智能的发展方向亦应如此。这一观点，与张钹提出的"融合基于深度学习的单空间模型与模拟大脑工作机制的双空间模型"的思路不谋而合。2018年6月，清华大学人工智能研究院正式成立时，张钹就阐述了"第三代人工智能"的相关理念。同年9月，美国国防部高级研究计划局发布了"第三波人工智能"报告，提出人工智能不能仅仅局限于单一任务，而应根据不同场景需求具备更强的泛化能力，并构建可解释、具备鲁棒性的人工智能理论。这一观点，在本质上与张钹的思路高度契合。这些国际同行的研究进一步印证了张钹学术理念的超前性，也彰显了他在人工智能学科建设上的领先地位。

随着"第三代人工智能"理念的传播，国际上越来越多的学术机构对张钹的观点表示认同，并纷纷邀请他进行学术交流。2019年11月，清华大学计算机系受阿卜杜拉国王科技大学的邀请，在沙特阿拉伯吉达举办

"国王科技大学—清华人工智能先进工业研讨会"。会上，张钹作了主旨演讲，题目为《迈向第三代人工智能》。在演讲中，他表示："在发展第三代人工智能的过程中，我们与世界顶尖水平的差距并不大，甚至可以说处于同一起跑线上。因此，我们完全可以把握这个机会，掌握主动权，进一步弘扬创新精神，与国际同行共同推动人工智能发展，以作出更大的贡献。"在人工智能的学术舞台上，张钹始终心系国家，始终秉持"科研为国"的初心。他不仅是推动人工智能发展的学术先行者，更是坚定的实践者，在探索人工智能未来的道路上不断前行。

2022年11月，ChatGPT的成功推出，标志着第三代人工智能迈向新的阶段。作为一款基于生成式预训练转换器的聊天机器人，ChatGPT的核心技术依托于两个重要突破：一是文本的语义表示——词嵌入法；二是转换器——一种具备多注意机制的人工神经网络。OpenAI公司将这两项技术结合，实现了机器对文本语义的深度理解，使人工智能从传统的数据驱动"黑箱"学习模式，逐步转向基于知识（语义）的学习。这一技术路径充分整合了知识、数据、算法和算力四大要素，与张钹提出的"第三代人工智能"理念高度契合。2023年3月

18 日，天津市人工智能计算中心揭牌仪式暨天津数字产业高峰论坛举行。会上，张钹受邀发表题为《第三代人工智能的机遇与挑战》的特邀报告，详细阐述了第三代人工智能的发展方向，强调应抓住当前机遇，从基础研究、技术开发到产业应用等多个维度推动我国人工智能的快速发展。

除了技术本身，人工智能的治理问题同样是张钹长期关注的领域。清华大学每年举办世界和平论坛，这一论坛是中国唯一由非官方机构主办的国际安全高级会议，旨在为全球战略家和智库领袖提供探讨国际安全问题、寻找建设性解决方案的平台。在论坛的诸多议题中，人工智能治理已成为一个备受关注的重要问题。之所以需要高度重视人工智能治理，原因在于，当前人工智能技术已深入渗透到军事和安全领域。相比于对"机器是否会超越人类"的远虑，利用智能化软件发动网络攻击或破坏关键系统的风险才是近忧，并且这些正在颠覆传统战争形态。在这样的背景下，各国在人工智能领域的理念、政策和行为至关重要。作为论坛的主办方，中国为发达国家和发展中国家提供了共同参与的机会，也进一步提升了在全球和平与安全事务中的影响力。为推动人工智能治理研究，2020 年 6 月，清华大学成立了人工智能国际治理研究院，张钹也积极参与相关工作。2021 年 4 月 22 日，他受聘为清华大学人工智能国际治理研究院学术委员会委员，聘期三年。2022 年 7 月，在第十届世界和平论坛上，张钹作了题为《安全的人工智能》的主旨报告。他在报告中强调，人工智能发展应坚持"以人为本"，将人类安全作为核心目标，致力于构建可信、可靠、可扩展的人工智能体系。同时，他呼吁加强国际合作，推动人工智能健康发展，使其真正造福全人类。张钹的观点获得了与会国际代表的广泛认可。会后，阿联酋驻华大使特意找到张钹，表达了阿联酋对人工智能技术的高度重视，并希望未来能进一步加强交流与合作。

在张钹及计算机系教师们的共同努力下，清华大学在全球计算机科学排名 CS Rankings 中长期保持领先地位。2022 年，清华大学在该榜单中位列全球第二，超越麻省理工学院、斯坦福大学、普林斯顿大学等世界顶尖高校。在人工智能领域，清华大学更是长期位居全球首位。不过，尽管清华大学在部分研究方向上取得了优异成绩，张钹却始终保持着清醒的认识。他指出，虽然某些领域处于领先地位，但在更广泛的基础理论研究方面，国内整体上仍处于追赶状态，这也反映出中国与国际顶尖水平之间仍有差距。张钹尤其强调，在人工智能领域，要想真正实现引领地位，必须加强基础理论研究。他直言，在经济高速发展的背景下，国内部分观点认为基础理论研究见效缓慢，不如应用研究"短平快"。但在他看来，"如果中国要在人工智能领域实现领跑，必须依靠坚实的理论支撑。只有理论上的突破，才能形成真正的优势。"基于这一理念，清华大学在人工智能研究上并不随波逐流，而是致力于在基础理论研究方面寻求突破。张钹退休后仍然选择加入朱军教授的研究团队，继续参与理论探索。他深知，基础理论研究必须达到世界顶尖水平才有价值，若达不到这一标准，研究成果的意义将大打折扣。目前，只有少数高校具备真正参与基础理论前沿研究的实力，国内能够承担这一重任的可以说是屈指可数，而仅凭这些研究力量是无法有建设性的成果的。那么解决的方法之一就是汇聚全球最优秀的人才。因此，张钹大力推动清华大学人工智能研究院的成立，以为全球顶尖人才提供施展才华的平台，推动我国人工智能研究迈向更高水平。

张钹对基础研究的重视，与他始终关注我国科技发展的长远目标密切相关。他曾从三个方面比较中国与国际科技水平的差异。首先是工程实现能力，也可称为产业化能力。在这一方面，中国与国际先进水平的差距相对较小。尽管中国仍缺乏顶尖企业家，产业化程度也不及部分发达国家，但在基础设施建设、隧道开挖、桥梁架设等领域，中国展现出了极强的工程实施能力。然而，这并不意味着中国在全球范围内处于领先地位，因为发达国家同样具备这些能力。可以说，中国在工程实践上具有一定优势。其次是技术水平，张钹认为，中国在这一方面与世界先进水平仍存在不小的差距。改革开放以来，中国的技术能力取得了显著提升，但仍有部分关键领域尚未突破，或与发达国家仍有较大差距，例如集成电路等核心技术。最后是科研水平，这也是张钹最为关注的领域。他指出，在从"无"到"有"、从"0"到"1"的原创性创新方面，中国与世界顶尖水平的差距尤为明显。纵观近现代科技史，几乎所有颠覆性创新都诞生于西方，而中国长期处于跟随者的角色。要改变这一局面，必须高度重视基础研究，将科学发现放在首要位置，只有这样，才能在科研水平上迎头赶上甚至实现超越。

在人工智能的发展方面，张钹发现，许多人往往将其与信息技术的进步混为一谈，这其实是一种误解。信息技术的发展路径相对清晰，早在20世纪中叶，图灵的计算理论、香农的信息论以及维纳的控制论便奠定了其理论基础。此后，计算机硬件的不断升级，操作系统、网络等技术的演进，进一步推动了信息技术的快速发展。然而，人工智能的发展路径却远未明朗。它的最终目标是什么？存在哪些可供借鉴的理论？应当如何推进？这些问题至今仍在探索之中。目前，人工智能领域更多依赖于算法和模型的积累，而非已有的成熟理论。因此，人工智能的发展不能简单照搬信息技术的模式。科研人员在对人类智能和大脑认知仍然有限的情况下展开研究，这更像是在"无人区"中摸索前行，这场探索注定充满挑战，也决定了人工智能的发展不会一帆风顺，速度也不会像信息技术那样快速推进。尽管如此，这并不意味着人工智能的研究没有方向。张钹认为，人工智能的突破需要结合教学、科研和产业三者的力量。一方面，可以借助市场需求引导人工智能研究的创新；另一方面，将人工智能技术应用到产业中，有助于提升相关行业的科技含量，加快成果转化。基于这样的认识，张钹积极投身人工智能产业实践。2020 年 7 月，他在南京江宁开发区创办了南京清湛人工智能研究院，并担任首任院长。清湛人工智能研究院的成立，背后还有一段故事。据研究院执行副院长杨磊回忆，早在

2019 年，南京市政府便积极推动各区与国外建立科教合作关系，其中江宁区原计划与以色列展开合作。然而，由于双方未能达成一致，这一计划推进缓慢。以色列在高科技领域，尤其是人工智能方面具有浓厚兴趣，以色列理工学院的专家曾表示，如果能邀请张钹参与相关合作，将极大促进项目落地。这一建议充分体现了张钹在国际人工智能界的影响力。随后，江宁区政府主动联系张钹，征询他的意见。恰好，张钹近年来也密切关注人工智能的产业化发展，因此欣然接受了这一邀请。经过多轮讨论，南京清湛人工智能研究院的构想逐步成型，并最终落地实施。以色列理工学院和魏茨曼科学研究所的高级研究人员也参与其中，为研究院的建设提供了国际化支持。这是张钹在国内创办的唯一一家人工智能应用型研究机构，定位于人工智能产业的孵化器和加速器。依托清华大学的合作支持，研究院在技术、人才和资源等方面获得了有力保障，使企业能够顺利落地，形成产业集聚效应，助力相关企业快速成长，取得了良好的成效。

张钹希望将自己数十年来积累的资源和技术，与市场和生产相结合，为国家人工智能产业的发展贡献力量。他认为，要推动人工智能产业的进步，必须解决两个关键问题。首先，需要加强基础研究。许多产业发展受限，根本原因在于技术瓶颈，而基础研究是突破这些瓶颈的关键。其次，技术与应用必须深度融合。人工智能作为一门应用导向的学科，不应仅停留在理论研究，而是要满足实际需求。然而，在应用落地过程中，企业往往面临技术与用户需求不匹配的难题，从而阻碍了自身的发展壮大。为此，近十年来，张钹致力于推动人工智能技术的产业化落地。他不仅在南京清湛人工智能研究院开展相关工作，还特别选取了五家企业进行试点，以积累经验，为未来的大规模推广铺路。

第一家企业是北京瑞莱智慧科技有限公司（简称瑞莱智慧），由朱军的博士生田天创办，专注于第三代人工智能技术，尤其是人工智能安全问题。张钹与朱军共同担任该公司的首席科学家。他指出，当前许多信息产业虽然引入了人工智能技术，例如网络公司利用推荐系统构建知识图谱，但这只是信息产业的智能化升级，而非真正的人工智能产业化。瑞莱智慧正是致力于推动人工智能技术本身的产业化。在张钹的指导下，公司聚焦个人信息处理安全，探索人工智能算法向产业化转化的路径，目前已发展至300多人。第二家企业是北京智谱华章科技有限公司（简称智谱华章或智谱AI），张钹担任首席科学家。该企业的核心研究方向是知识驱动技术，旨在构建产业知识图谱，并通过知识获取创造经济价值。随着科技的进步，智谱华章将重点转向大语言模型（基础模型）研究，目前发展势头良好，员工规模已超过 500 人。第三家企业是北京一流科技有限公司（简称一流科技），由张钹的博士生袁进辉创办，张钹同样担任首席科学家。该公司致力于通用人工智能平台的研发。目前，人工智能计算平台大多面向特定应用，尚未实现真正的通用化。因此，全球科技公司都在争夺这一技术制高点。在美国推出 TensorFlow 和 PyTorch 等平台后，一流科技也成功研发了拥有自主知识产权的计算平台，并在业内崭露头角。2024 年，袁进辉基于一流科技的技术基础创办了硅基流动公司。2025 年年初，硅基流动公司发布了大模型云服务平台 SiliconCloud，首发上线基于昇腾算力的 DeepSeek R1/V3 模型，率先打通了国产芯片部署 DeepSeek 模型的完整路径。第四家企业是北京得意音通技术有限公司（简称得意音通），专注于声纹识别技术，张钹担任首席科学家。身份鉴别技术种类繁多，但其抗干扰能力各不相同。相比之下，声纹识别在可靠性方面具有独特优势。该企业的研究不仅有助于提升身份验证技术的安全性，还探索了数据驱动与知识驱动相结合的可能性。虽然目前企业规模较小，但其技术方向独特，具有广阔的发展前景。

上述四家企业均由张钹的同事或学生创办，他对这些创业者的技术能力有深入了解，并认为他们具备成长为"独角兽企业"的潜力。作为首席科学家，张钹主要帮助这些企业在创业初期解决"如何做大"的问题。与之相对，第五家企业——智慧互通（爱泊车）所面临的挑战则不同。该公司主要应用视频识别技术，服务于城市智慧停车和交通秩序管理。由于技术门槛相对较低，市场需求庞大，公司发展迅速，在2021年3月聘请张钹担任顾问时，员工规模已达一两千人。因此，该企业需要解决的问题是"如何做强"，即提升技术壁垒。张钹希望通过引入人工智能、多模态识别、计算机视觉和机器智能等前沿技术，全面提升企业的科技含量。张钹对产业的关注，与他对基础研究的重视密不可分。他曾表示："如果基础研究做得很好，而产业发展却停滞不前，那么这个基础研究的价值也是有限的。我一直认为，基础研究的目标是实现从0到1的创新，而这一创新的最终目的，就是推动产业发展。人工智能是一门技术科学，只有在发现其科学规律后，才能将其真正落地到技术应用之中。"

对于如生物、医疗、军事等在人工智能应用中被认为是关键的领域，张钹更是格外重视。他深知，人工智能要在医疗领域发挥作用，必须紧密结合临床需求，而不是单纯在实验室里闭门造车。为此，他多次带领团队访问北京清华长庚医院，探索建立智能化的医疗服务体系。他认为，临床医生在工作中遇到的实际问题应当成为技术研发的出发点，只有这样才能真正帮助医疗行业提升效率与质量。2019 年，清华大学人工智能研究院与精准医学研究院联合成立智慧健康中心，张钹担任首席专家。同年，他与清华大学精准医学研究院院长、中国工程院院士董家鸿共同提出了区域智慧健康医疗服务体系（Tsinghua Healthcare Intelligent System，THIS 系统）。这一系统旨在整合区域内的医疗资源，连接三级医疗机构、社区居民和健康照护团队，促进各方协作，构建高效、优质、经济的大健康生态体系。THIS 系统的核心目标是围绕全人群、全生涯、全维度的健康需求，提供系统化的医疗与健康服务。THIS 系统的提出，为人工智能在医疗中的应用提供了全新的体系架构，使技术和临床需求能够在这一框架下实现深度融合。据智慧健康中心主任杨斌介绍，虽然在系统研发过程中，张钹因年事已高无法频繁参与一线调研，但团队始终向他汇报进展。

他则从全局视角提供战略指导，并精准指出问题所在。THIS系统不仅为未来智能健康医疗产品的研发指明了方向，也为新技术在健康管理和疾病管理中的应用提供了具体路径。在THIS系统发布后，围绕该体系的一系列配套技术迅速发展，并在实践中展现出显著优势。例如，研究团队与丰田公司合作，将汽车改造为智能移动医院，为偏远地区的突发医疗需求提供及时救助。在新冠肺炎大流行期间，THIS系统研发的智能听诊系统被部署至武汉14家医院，助力疫情防控。这一系统整合了海量医疗数据与临床专家的知识，实现了人工智能与医学的深度交叉，并初步体现了张钹提出的"第三代人工智能"理念，表明他的理论正在逐步落地。除了推动技术研发，张钹还积极为相关机构提供咨询和建议。2020年12月19日，他出席了以"智慧医疗2020"为主题的"中国智慧医院联盟年度论坛暨DH400工作组成立会议暨中国智慧医疗学术论坛"，并发表了《人工智能赋能生命健康》的报告。他还担任国内外多家医疗和人工智能机构的专家顾问，其中包括DH400（Digital Healthcare Working Group 400）工作组的高级别专家委员会主任。DH400是国内国际重点医院、生物医药企业、人工智能企业、金融机构的上百家顶尖机构或专家等跨领域杰出代表组成的成果转化平台。2021 年 11 月 28 日，北京清华长庚医院获批成立智慧健联体关键技术北京市工程研究中心，张钹担任顾问。张钹始终秉持务实的态度，他曾对学生们说："我到这个年纪，不知道还能干多少年，但只要还能做事，就要做有价值的事情。"他在人工智能产业化方面的不懈探索，正是这一信念的生动体现。

老一辈的人工智能研究者，包括张钹的许多学生，如今大多已退休。然而，年近九旬的张钹依旧活跃在人工智能研究和教育的前沿，始终保持着对这一领域的执着与热情。谈及其中的原因，他常说，保持好奇心和求知欲至关重要。他认为，好奇心意味着追求，如果一个人对周围的事物失去兴趣，生活也会随之失去活力，尤其是对于年长者而言更是如此。张钹解释道："人的好奇心在童年时期最为旺盛，随着年龄的增长逐渐减弱，到了老年几乎降为零，这是人类进化的结果。年轻时，好奇心驱使人学习并积累知识，而年老后，随着行动能力的下降，好奇心自然也趋于衰退。但如果能够持续保持对世界的兴趣，老年人的精神状态将截然不同。"他的家人、同事和学生在访谈中都不约而同地提到他对新事物的兴趣，感叹他始终关注人工智能领域的最新发展，保持着前沿的学术视野，令人钦佩。

在生活中，张钹同样兴趣广泛，尤其热衷于体育赛事。他最喜欢观看竞争激烈的对抗性运动，其中足球是他的最爱。世界杯、欧洲杯等重大赛事他从不错过。有一次在新加坡访问期间，他甚至在深夜与清华大学的同事们一同观看欧冠决赛。此外，他对拳击、网球、羽毛球、斯诺克等运动也十分感兴趣。或许是出于儿时对破解魔术技法的好奇，他也喜欢观看魔术表演，认为这能够启发思维。闲暇时，张钹也爱看电视节目，特别是《动物世界》和战争片。《动物世界》让他惊叹于大自然的神奇与生命的进化，而战争片紧张的情节则能使他保持高度的专注。当被问及为何在80多岁仍能承担如此繁重的工作时，他回答道："这些工作是我的兴趣所在，我热爱它们。每当我站上讲台，就像演员走上舞台一般，立刻充满激情，全身心投入。"张钹坚信，良好的心态也是长寿的关键。他深受母亲的影响，严于律己，宽以待人，从不计较琐事，对生活始终保持乐观。这种豁达的态度也感染了身边的许多人。2022年1月12日，86岁的张钹因病需要接受一场高风险的大手术，手术时间长，难度大，连主治医生都感到有压力。张钹却坦然地说："你放心做手术好了，什么样的结果我都能接受，即使不行了，我也是86岁高龄。"对于手术的效果，他的期望也十分明确："我的要求不是长寿，如果经过这场手术，我要躺在床上活十年、十五年，寿命再长，这对我是没有意义的。我希望我能工作，我要的是三五年能够健康地活着，这就足够了！"即便身处病床，他仍想着如何继续为国家和社会贡献力量。他时常对弟弟张铃说："趁我们现在头脑还很好，一定要多做工作，不然人活着有什么意义呢？父母给了我们这么健康的大脑，这很不容易呀，我们应该把它用起来。"后来，手术非常成功，张钹的主治医生也非常感动，他说张钹创造了北京清华长庚医院的一个纪录，在这么高龄的情况下如此重大的手术成功了！

2021年，在中国共产党成立100周年前夕，张钹荣获"光荣在党50年"纪念章，清华大学校长邱勇亲自为他颁发奖章。自1960年入党以来，张钹始终以共产党员的标准严格要求自己，先后于2003年和2011年获评清华大学"优秀共产党员"称号。此次在纪念章颁发仪式上，他作为代表发言："在清华大学68年的学习和工作中，我在党的教育和培养下，从一名中学生成长为人民教师和共产党员，至今已经入党61周年。我虽然已经退休，作为一名共产党员，我需要重新安排生活，并根据自身的身体条件努力为党做一些工作，老有所为。希望在有生之年，能为我国人工智能的发展继续作贡献。为共产主义事业奋斗终生！"正如张钹所说，他从未停下脚步。2019 年，他推动清华大学与华为建立长期大颗粒合作，该项目在 2020 年清华所有与华为合作的中心评选中脱颖而出，被评为"优秀"。同年，张钹本人获得 2020 年华为"清华 – 华为联合研究院优秀联合实验室管理奖——星辰奖"。2020 年 1 月 12 日，中智科学技术评价研究中心院士专家委员会在北京成立，该委员会主要承担国家科技评价和咨询工作，张钹被推选为委员会主任。

从中国人工智能的起步阶段到如今的蓬勃发展，张钹既是亲历者，也是见证人。他不仅深耕学术研究，还始终站在讲台上，与后辈研究者分享对人工智能发展的思考和见解。清华大学的同事们常感慨，张钹的精神状态丝毫不逊于年轻人，每天步行上班，讲课时迈步跨上讲台，出差时坚持自己拎行李。他总是笑着说："我现在还能自己拎得动，就自己来。如果有一天拎不动了，也就说明我不该再出差了。"2024 年 4 月 23 日晚 7 点，张钹受邀在清华大学"人文清华"讲坛发表题为《走进"无人区"——探索人工智能之路》的演讲。时年 89 岁的他，全程站立 2 小时，脱稿讲述，声音洪亮，条理清晰，深入浅出。演讲现场座无虚席，在线观看人数突破300万。听众无不为他充沛的精力和精彩的讲解所折服。人工智能技术日新月异，新工具、新概念层出不穷，但张钹从未因自己的资历和成就停滞不前。他始终保持开放的学习态度，积极参与国内外学术交流，不断吸收新知识，并致力于推动中国人工智能成果走向国际舞台。张钹常说："成绩只能代表过去，计算机领域的研究者千万不能自满，否则就会落后。"在人工智能的发展道路上，既有鲜花，也有荆棘，但他始终坚定前行，引领团队攻坚克难，迎接新的挑战。他相信，尽管人工智能的未来仍充满未知，但只要不断探索，终能抵达新的高峰。

1931年12月3日，在清华大学校长就职典礼上，梅贻琦先生留下了中国大学史上最著名的一句话："所谓大学者，非谓有大楼之谓也，有大师之谓也。"一生奉献于国家尖端科技，培养无数人才，不计较个人得失，张钹，正是一位真正的大师。